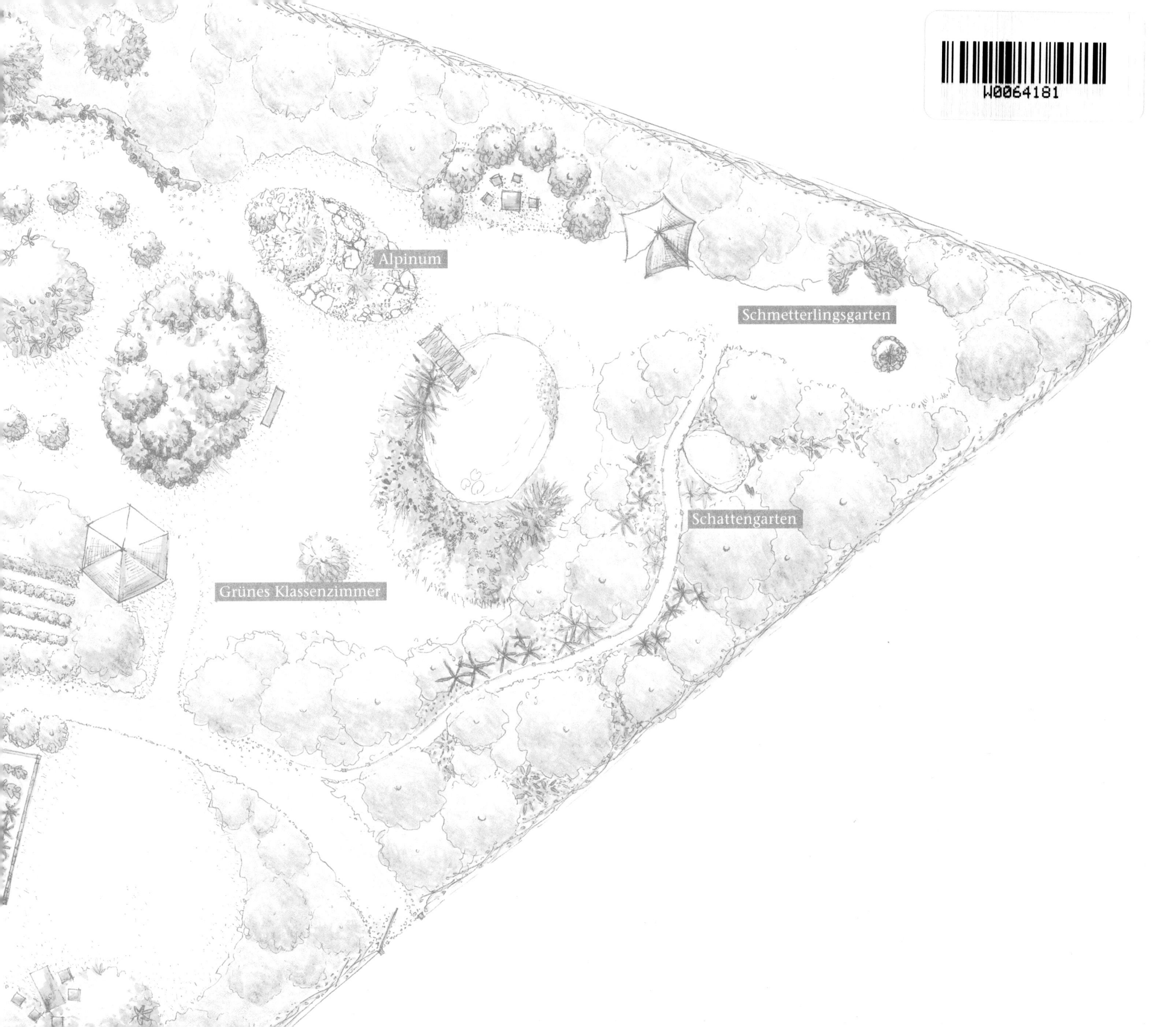

Alpinum

Schmetterlingsgarten

Schattengarten

Grünes Klassenzimmer

Wo Träume wachsen

Barbara Gasenzer

Wo Träume wachsen

Barbara Krasemann führt
durch ihren Garten

KOSMOS

Inhalt

Ein Traum wird wahr – meine Gartengeschichte

Der Weg ist das Ziel

Was sind schon 24 Jahre, wenn man sich in den Kopf gesetzt hat, aus einer fußballfeldgroßen Wiese einen Garten zu machen – ohne Geld, aber mit vielen Träumen im Kopf.

In diesem knappen viertel Jahrhundert lernte ich, mit Sense, Spaten und Rechen umzugehen. Ja, für die riesige Wiese besaß ich nicht einmal einen Rasenmäher. Die Bäume und Sträucher zog ich zum größten Teil aus Samen oder machte Stecklinge von Gehölzen, die in der Nachbarschaft wuchsen. Alles in Allem ein ziemlich mühsames Unterfangen und nebenbei sehr zeitaufwändig.

Aber vielleicht brauchte ich gerade diese Zeit, um meine kleinen Pflanzenzwerge genauer kennen zu lernen, sozusagen, von der Pike an. Ich lebte mit Erfolgen, aber auch mit Misserfolgen und lernte auf diese Weise allerlei angriffslustige, gefräßige Mitbewohner kennen, die es galt auszutricksen. Ich reifte an meinen Erfahrungen.

Von Anfang an begleitete mich mein Gartenplan, den ich gleich zu Beginn auf ein riesiges Stück Papier zeichnete. Dort hielt ich meine Träume fest, in der Gewissheit, dass sie eines Tages wahr würden.

Ich träumte von einem Garten, gleich einem Schlaraffenland. Von einzelnen Gartenzimmern, wie sie unterschiedlicher nicht sein konnten. Schließlich nannte ich mein kleines Häuschen fortan nur noch meine warme Winterhöhle und meine Wiese, meine künftige Sommerresidenz mit vielen wunderschönen Zimmern.

Jedem Raum sollte eine bestimmte Aufgabe zukommen. Diese würden meine Pflanzen erfüllen. Das bedeutete, dass nicht nur die Schönheit jeder Pflanze, jeden Gehölzes von Bedeutung war, sondern auch seine Verwendungsmöglichkeiten. Ich träumte von einem Garten, den ich eines Tages mit allen Sinnen genießen könnte, von Duftendem, Würzigem, Kühlendem und Wärmendem für Mensch und Tier. Einen Garten in dem man Sommer wie Winter nicht verhungern kann – ja und den gibt es inzwischen wirklich.

Allerdings lässt mir meine Phantasie und Sammelleidenschaft die Fertigstellung meines Gartens in weite Ferne rücken, Gott sei Dank, denn der Weg ist ja mein Ziel.

Ihre Barbara Krasemann

Meine Gartengeschichte beginnt
1985. Seit dem sind 11 Zimmer
entstanden, mit viel Durchhalte-
vermögen und Leidenschaft.
Ich schuf mir ein kleines, grünes
Paradies und lade Sie herzlich ein,
es mit mir zu entdecken.

Mein Traumgarten ist der Garten,
der meine Wunden heilt, meine Tränen trocknet,
meine Seele tröstet – der Garten,
der mich satt macht.

Mein Traum war es, ein elegantes Zimmer einzurichten, mit klaren Formen. Es sollte duften und alle Pflanzen irgendwie nützlich sein.

Formengarten mit historischen Rosen

In meinem Traum wünschte ich mir für den Garten eine Eingangshalle. Ein elegantes Gartenzimmer mit klaren Formen stellte ich mir vor, beruhigend und schön. Es sollte duften und in irgendeiner Weise auch noch nützlich sein. Heute nenne ich diesen romantischen Teil meines Gartens Formengarten mit historischen Rosen.

Doch bis diese Bezeichnung zutraf, sollten viele Jahre ins Land gehen. All das, was in meinem kleinen, winzigen Hexenhäuschen niemals zu verwirklichen gewesen wäre, wagte ich auf meiner anscheinend endlos großen Wiese von 8.500 Quadratmetern einzurichten.

Ich brauchte einen Raum zum Empfang meiner Gartengäste oder um einmal ohne große Wege mit der Nachbarin draußen einen Kaffee zu trinken. Er musste nicht groß sein, wichtig war nur, nahe am Haus. Und er sollte immer gepflegt und aufgeräumt aussehen. Der erste Eindruck ist immer der entscheidende und der letzte Eindruck ist der bleibende.

Highlights im Formengarten

Was sich in einem Haus kaum verwirklichen lässt, sind runde Zimmer. So beschloss ich, so gut es ging, auf gerade Linien zu verzichten. Kreisrunde Räume, geschlungene Korridore, weich, anschmiegsam und gemütlich sollte es werden. Ich wollte eines Tages aus meinem Haus, der warmen Winter-

höhle, durch eine kleine Tür in eine andere Welt eintreten. So tauchte ich mein Haus in allumschlingendes Grün und ließ nur noch einen tunnelförmigen Laubengang frei zu diesem ersten Traumzimmer.

Romantische Rosen als Begleiter

Mein Plan war es, einen romantischen Rosengarten anzulegen, mit vornehmen Buchsen. Da mein Gartenboden unter der Grasnarbe aus Lehm bestand, sollte diese Entscheidung für die Rosen im Nachhinein richtig gewesen sein. Es fehlte nur noch ein wenig Humus. Auf dem Anwesen gab es eine Stelle in der Wiese, die voll mit hohen Brennnesseln war. Und siehe da, unter dem lockeren Wurzelgeflecht befand sich fette, dunkle Erde. Vielleicht hatte mein Vorbesitzer, der auf meiner Wiese lediglich Schafe gehalten hatte, dort einmal den Mist gelagert. Es war für alles gesorgt, fehlten nur noch die Rosen. Am liebsten hätte ich zwei Meter hohe Pflanzen gekauft, um gleich zu Beginn etwas erkennen zu können. Oh, dazu sollte ich erklären, dass mein erstes Gerät zur Bearbeitung der hohen Wiese eine Sense war. Um mich einmal durch den knappen Hektar

1   Terrasse
2   Buchs mit
     Rosenbogen
3   Pavillon
4   Mispel
5   Laubengang
6   Farne,
     Goldnesseln
7   Scheune

Ein großer Kreis, eine Öffnung als
Eingang vom Haus aus und zwei weitere Öffnungen,
um in die nächsten Bereiche zu gelangen.

links: *Rosa borbonica* 'Variegata di Bologna' ist eine einmalblühende Bourbonrose. Sie ist sehr robust, erreicht eine Höhe von zwei Metern und hat herrlich duftende Blüten.

rechts: Ein Blick vom Pavillon vorbei an den großen Buchsen auf den versteckten Durchgang im Rosenbogen. Von dort aus führt nur ein schmaler, verschlungener Pfad hoch zum Haus.

Wiese zu quälen, brauchte ich am Anfang etwa vier Wochen. Was tat ich nicht alles für ein paar „dornige" Büsche.

Ich dachte an meine Kindheit, die Zeit im Garten meiner Großmutter, an die herrlich duftenden Blüten. Ich erinnerte mich an ihre Rosen und daran, dass sie vielleicht schon von meinen Urgroßeltern um 1880 gepflanzt worden waren. Solch

Alte Rosen wollte ich haben. Auch die Farben standen für mich bereits fest. Es kamen nur sanfte Farbtöne zwischen Rot und Weiß in Frage.

Grüner Pavillon zum Verweilen

Aber was ist ein Rosengarten ohne einen Pavillon? Ich sah einmal einen, der war mit Kornelkirschen geformt. Er war knorrig, urig und voll mit köstlichen, roten Früchten. Man konnte in seinem Schatten verweilen und in seinem alten Geäst brüteten bereits die Vögel. Ja, das gefiel mir. Ich besorgte sieben von diesen fruchtigen Hartriegelgewächsen und pflanzte sie als kleineren Kreis mitten in den Rosengarten.

Dreieinhalb Meter sollten als Durchmesser reichen, um Tisch und Stühle hineinstellen zu können. Ich besaß noch alte Möbel, die ich nur noch etwas restaurieren musste.

Formvollendete Begrüßer

Dann brauchte ich den Buchs für die Eingänge in den Rosengarten. Und weil große Pflanzen ihren Preis haben, half alles nichts, ich musste sie selber ziehen. Diese Prozedur hat dann acht Jahre gedauert. Ob ich es wieder machen würde? Natürlich, denn sie haben von Anfang an meine Form, meinen Schnitt bekommen, so, wie ich es mir erträumt hatte!

Pflanzenwände und Bodendecker

Für mein Freiluftzimmer war die Einrichtung vorbereitet. Es fehlten noch die „Wände" und kleinere Details wie Bodendecker und andere unkomplizierte Stauden. Sie sollten den Pflegeaufwand so gering wie möglich halten.

Die Farbe Blau bietet hierbei einen starken Kontrast zu zarten Pastelltönen und belebt zudem das Gesamtbild.

Ich wollte Alte Rosen haben,
in sanften Tönen zwischen Rot und Weiß.

linke Seite:

links und rechts unten Ein schmaler Schotterweg führt vom Pavillon im Formengarten zu einem Laubengang. Durch den mit Rosen umschlungenen Gang erreicht man den Essplatz.
rechts oben Ein starker Kontrast und lieblicher Begleiter der Rose ist der Pfeifenstrauch *(Philadelphus)*, hier eine ungefüllte Sorte.

rechte Seite:

links Die Rose 'Tour de Malakoff' ist eine meiner Lieblingsrosen und schenkt mir ihr schönstes Parfüm ab Anfang Juni. Sie ist sehr winterhart.
rechts Steht man in diesem einen, kleinen, runden Gartenzimmer, dem Formengarten, ahnt man nicht, dass der Garten noch zehn weitere Zimmer hat.

Perfekte Pflege im Formengarten

Dieser hübsche kleine Raum ist relativ anspruchslos, hier kommen inzwischen nur noch Rasenmäher und Gartenschere zum Einsatz.

Buchs in Form bringen

Heute brauchen meine Buchs nur noch zweimal im Jahr meine besondere Aufmerksamkeit. Im Frühjahr schneide ich sie unmittelbar nach den Eisheiligen, also ab Mitte Mai. Da sind die Pflanzen bereits kräftig ausgetrieben und ich kann auch kleine Schnittfehler des Vorjahres ein wenig korrigieren. Selbstverständlich schneide ich nur in der kühlen Schlecht-wetterphase. Schneide ich Buchs bei Sonnenschein, kann es an den angeschnittenen Blättern zu Verbrennungen kommen. Also ist in diesem Fall Regenwetter ausgesprochen gutes

Für die zarten Triebspitzen der Buchskugeln ist eine elektrische Rasenkanten-schere das ideale Werkzeug und ermöglicht einen gleichmäßigen Flächenschnitt. Mit gleichbleibend ausgestrecktem Arm ziehe ich wie mit einem Zirkel den kreis-runden Bogen um die Kugel. Mit Schwung aus der Hüfte heraus, von unten nach oben, wird die Form gleichmäßig rund. Anschließend schneide ich die Feinheiten heraus.

BUCHSSCHNITT
FÜR STECKLINGE

Im Juni kann das Schnittgut auch zur Stecklingsvermehrung verwendet werden. Dafür nimmt man fingerlange Stecklinge und steckt sie in einen Topf mit feuchter Erde. Um sie vor Aus-trocknung zu schützen, umgibt man sie mit einer Klarsichtfolie.

Diese gemütliche Sitzecke besteht aus einer hohen Kornelkirschenhecke, die im oberen Bereich noch zu einem Pavillon zusammen wachsen soll. Der Eingang wird flankiert von zwei dicken Buchskugeln. Hier lässt es sich im Schatten angenehm Kaffee trinken und man ist vor neugierigen Blicken geschützt.

Wetter. Nach einem sehr starken Rückschnitt kommt es meist zu einem vermehrten Neuaustrieb, den man getrost wieder mit der Schere ausgleichen kann.

Für die Form selbst verwende ich weder Schablone noch Metermaß. Wie soll ich es nur erklären? Ich schneide „aus der Hüfte". In einer bestimmten Körperhaltung, die ich natürlich konsequent beibehalten muss, kann ich meinen gestreckten Arm mit der Schere nur in einem bestimmten Bogen um das Gehölz bewegen. Mein Arm ist hier mein Zirkel. Ich fahre mit Schwung immer zu einem bestimmten Punkt in der Mitte des Gehölzes hin. Ein wenig Augenmaß ist Voraussetzung.

Kornelkirschen als Pavillon erziehen

Die Kornelkirsche, *Cornus mas*, ist ein sommergrünes Gewächs und lässt sich sogar im kleinsten Garten verwenden. Der Grund hierfür ist wieder die enorme Schnittverträglichkeit. So kann man einen Laubengang, einen Pavillon, eine Hecke oder einen hochstämmigen Baum daraus erziehen. Wichtig ist hier nur, dass man rechtzeitig mit dem ersten Schnitt beginnt. Schon an der Basis sollte es zu einer starken Verzweigung kommen, damit das Gehölz später möglichst blickdicht wird. Bei der Kornelkirsche fiel mir das am Anfang sehr schwer, weil sie zu Beginn ohnehin sehr langsam wuchs.

Und geht ein Schnitt wirklich einmal daneben, dann sollte es so sein. Es entsteht eine neue Form. Eines ist sicher: Es wächst wieder nach.

links Mit jeweils drei einfachen Rundhölzern und Folie entsteht ein Schutz vor schweren Schneelasten.

rechts Hinter den Buchskugeln breiten sich meine bodendeckenden Goldnesseln im Halbschatten aus und verdrängen so als schöne Beeteinfassung unbeliebte Beikräuter. Hohe Trichterfarne sind hübsche Begleiter.

Gehölze vor Schneebruch schützen

Was ich bei meinen großen Formgehölzen beachten muss, ist die große Auflagefläche für Schnee im Winter. Das gilt besonders für den immergrünen Buchs, der auch im Winter eine dichte Oberfläche hat. Über Nacht kann bei starkem Schneefall in wenigen Stunden die ganze Herrlichkeit vorbei sein. Die Gehölze können unwiederbringlich auseinanderbrechen. Darum stelle ich ein Gerüst aus drei langen Holzstangen wie ein Tipi um die Pflanze und binde sie oben zusammen. Auf diesen Stangen befestige ich eine Gewächshausfolie, damit der Schnee leicht herunterrutschen kann.

Rosen einen guten Start geben

Meine ersten Rosen habe ich wurzelnackt gekauft. Das ist wesentlich preiswerter als Topfpflanzen. Ich habe die Wurzeln etwas angeschnitten und die Rosen über Nacht komplett in eine Wasserwanne gelegt. Jedes Pflanzloch musste ich tief genug ausheben, um die Rosenwurzeln etwa fünf Zentimeter unter der Erdoberfläche verschwinden zu lassen. Das Loch habe ich anschließend mit nährstoffreichem Humus wieder aufgefüllt, reichlich mit Wasser begossen und obendrauf mit Erde gut 15 Zentimeter angehäufelt. Das musste ich in den folgenden Jahren allerdings nicht mehr tun.

Goldnesseln gegen unbeliebte Beikräuter

Hinter meine Rosen und Buchs pflanzte ich einfach Goldnesseln, die sich bis unter die Bäume ausbreiten konnten und damit ungebetenes Grünzeug weitgehend unterdrücken.

links Die flaschenförmigen Hagebutten der *Rosa moyesii* sind in jedem Jahr ab September die ersten reifen Rosenfrüchte. Die chinesische Wildrose macht sich auch gut im Schatten.
rechts Zweimal in der Woche ernte ich im Juni einen Korb voller Duftrosen für meine Rosenspezialitäten.

Sie sind völlig unproblematisch und wachsen in jedem Boden. Das Besondere ist ihre Schattenverträglichkeit. In großen Abständen setzte ich noch zur Auflockerung einige Trichterfarne. Sie vertragen auch mal etwas Sonne. Sie stellen keine besonderen Ansprüche an den Standort. Beide Stauden sind starkwüchsig und verbreiten sich über Ausläufer. Es eignen sich auch andere Nesseln wie 'Beacon Silver' und 'Roseum'. Der Pflegeaufwand für meinen Formengarten ist auf diese Art sehr gering.

Rosen lassen sich genau so wie Buchs und
Kornelkirsche ganz unproblematisch
aus Stecklingen vermehren, die man von Juni
bis Anfang Juli schneidet.

DUFTROSEN ERNTEN

Man kann ruhig einen Teil der frisch aufgeblühten Rosen abernten. Ich schneide sie mal für die Küche, oder einfach nur als Strauß für die Vase. Das Ernten regt das Wachstum und die Neubildung der Knospen an. Gerade bei den einmalblühenden, Alten Rosensorten verlängere ich auf diese Weise die prächtige Blütezeit. Der beste Zeitpunkt hierfür ist der Vormittag, wenn die Sonne scheint und der Tau abgetrocknet ist. Dann haben die Duftrosen den höchsten Gehalt an ätherischem Öl.

Spitz-Ahorn
Acer platanoides

Buchsbaum
Buxus sempervirens var. *arborescens*

Kornelkirsche
Cornus mas

Gehölze im Formengarten

Buchsarten für Schnittfiguren

Meinen großen Buchskugeln sieht man den Wechsel der Jahreszeiten kaum an. Sie gehören zu den robustesten Gehölzen für unsere gemäßigte Klimazone. Mit ihren kleinen, dunkelgrünen, glänzenden Blättern sind sie sehr schnittverträglich. Eine geeignete Art für größere Figuren ist zum Beispiel **Buxus sempervirens** var. *arborescens*. Für Hecken oder andere niedrige Formen besorge ich mir **Buxus microphylla** 'Compacta'.

Mittelalterliche Fruchtbäume

Zwei Bäume mit ihrer sparrig gewachsenen, gedrungenen, aber ausladenden Krone verhindern die Sicht auf einen ganz anderen Gartenraum. Es sind zwei **Echte Mispeln**, *Mespilus germanica*. Nach 23 Jahren sind sie nicht höher als drei Meter gewachsen, dafür aber mehr in die Breite. Sie wecken oft mit ihren riesigen, hagebuttenförmigen, braunen Früchten die Neugier meiner Gäste. Die Früchte dieser mittelalterlichen Rosengewächse erlangen zwar erst im Januar / Februar nach Frosteinwirkung ihre Genussreife, dafür schmecken sie roh bereits wie süßes Apfelmus. Allerdings sollte das Fruchtfleisch weich und unappetitlich braun sein, was leider kaum in unsere moderne Zeit zu passen scheint. Aber ich mag sie!

Erste Frühlingsboten zum Genießen

In der warmen Frühlingssonne schwellen erste Knospen. Noch vor dem Laubaustrieb locken ab März in diesem Gartenzimmer die gelben Blüten der **Kornelkirsche** die ausgehungerten

Echte Mispel
Mespilus germanica

Nelken-Kirsche mit Akebie
Prunus serrulata 'Kanzan' (links)

KORNELKIRSCH-OLIVEN IM SCHNELLVERFAHREN

Ausgewachsene, aber grüne Früchte mit einem Messerchen anritzen und in einem verschließbaren Tongefäß mit Wasser begießen. Das Wasser wird täglich gewechselt, mindestens eine Woche lang. Die fertig entsäuerten Früchte legt man in eine Salzlake und würzt mit einem Lorbeerblatt und etwas getrocknetem Oregano. Kornel-Oliven halten im Kühlschrank wenige Wochen, eingeweckt aber wesentlich länger.

Bienen an. Schon bald folgen die süßlich duftenden Blüten des **Ahorn**, die ich gleich als besonderen Leckerbissen mit in meinen Lindenknospen-Salat gebe. Zusammen mit den zarten weißen und rosa Blüten der **Blut- und Wildpflaumen** und den **Wildkirschen** regen sie den Stoffwechsel an und sind ein wahrer Jungbrunnen.

Es folgen die Blätter der Sommer-Linde. Die Lücken bis zur Straße sind bepflanzt mit **Birke, Maulbeere** und **Japanischer Nelken-Kirsche 'Kanzan'**. Die Nelken-Kirsche 'Kanzan' ist ein hoher, aufrechter Baum mit breiter Krone. Ihre Blüten erscheinen auch schon ab April und ziehen mit ihrer Pracht die Blicke im Formengarten auf sich. Wegen ihrer unglaublichen Blütenfülle fällt es kaum auf, wenn ich Zweige für die Vase schneide und mir diese Schönheiten ins Haus hole.

Mandarin Rose
Rosa moyesii

Korkenzieher-Scheinakazie
Robinia pseudoacatia 'Tortuosa'

Köstliche Blüten im Mai

Anfang Mai blüht der **Zier-Apfel** an seinen überhängenden Zweigen. Seine rosa angehauchten Blüten erinnern ein wenig an Rosenduft und schmecken genauso gut. Drei Wochen später der erste Paukenschlag. Eine **Korkenzieher-Scheinakazie** mit ihrer hohen Baumkrone zieht mit ihrem honigsüßen Duft meine Aufmerksamkeit auf sich. Ach, wenn nur diese köstlichen Blüten etwas tiefer hingen, wäre die Ernte nicht so schwierig. Sie sind ein Muss auf dem frühsommerlichen Speisezettel, ausgebacken in süßem Teig. Sogar die weißen Blüten des **Falschen Jasmin** lassen meinen Traum wahr werden. Sie duften und schmecken angenehm in meinem Garten der Sinne. Ihr Geschmack ist mild und zurückhaltend, ihr Duft ein verführerisches Erlebnis.

Rosen – Rausch der Sinne im Juni

Im Juni ist die Rosenblüte, eine Zeit, die ein jeder am liebsten anhalten würde. Ich rette einfach einen Teil meiner kostbaren **Zentifolien-Rosen** in den kalten Winter hinein. Dafür muss ich sie allerdings zuerst einmal ernten. Dann entstehen in meiner Küche die feinsten Rosenköstlichkeiten. Aber nicht nur zum Essen, weit gefehlt. Ich zaubere Rosen-Seifen und Badepralinen daraus. Rosen-Wasser mit einem Hauch von Rosen-Öl und duftende Potpourris; aber natürlich auch Rosen-Likör und -Gelee, Rosen-Zucker und kandierte Rosenblüten für festliche Torten. Für Seifen- und Rosenwürze trockne ich meine Duftblüten im Dörrhaus drei Stunden vor, bei etwa 70°C. Das ätherische Öl ist sehr flüchtig, es bleibt nur ein Teil erhalten. Darum stelle ich all die anderen Köstlichkeiten unmittelbar nach der Ernte her.

So duftet der November

Erst Mitte November, wenn das meiste Laub bereits gefallen ist, wirkt der Garten müde, kalt und leer. Fast etwas unheim-

Bodnant-Schneeball
Viburnum × bodnantense 'Dawn'

ROSEN-BADEPRALINEN

In einer Schüssel mische ich 200 g Natron mit 100 g Zitronensäure, 11 EL Mondamin und einer Hand voll getrockneter, zerriebener Rosenblüten. Dann gieße ich 200 g warme, verflüssigte Kakaobutter darüber und verrühre alles schnell zu einem Brei. Ist der Rosenduft zu schwach, verfeinere ich den Brei zusätzlich mit Rosen-Öl. Die Masse kommt nun zum Aushärten in kleine Formen. Gibt man die fertige Praline in das warme Wannenbad, löst sie sich sprudelnd auf und gibt den herrlichen Rosenduft wieder frei. Dieses Bad wirkt beruhigend und hautpflegend.

lich. Aber auch jetzt überrascht das Zimmer im Freien noch mit einem Duft wie im Frühling, blumig und süß. Er erinnert mich sogar ein wenig an den Flieder, auf den ich eigentlich noch ein halbes Jahr warten muss. *Viburnum × bodnantense* 'Dawn', ein **Schneeball** in zartem Hellrosa verströmt mit seinen röhrenförmigen Blüten diesen herrlichen Duft und wird mich bis zum nächsten Jahr in den April hinein begleiten.

Mein kleiner Formengarten hat sich langsam zu einem Genießergarten gemausert. Eibe, Fichte und Ilex ergänzen das breite Spektrum nicht nur, sie sind auch wichtiges Material für winterlichen Zimmerschmuck und Türkränze.

*Ich träumte von einem Kräutergarten,
von so viel würzigem und gesundem Grünzeug,
dass es für ein ganzes Jahr reichen würde.*

Kräutergarten

Nahe der Küche sollte ein Gewürzgarten entstehen. Mal eben schnell, ganz nach meinem Geschmack für einen Salat, eine Pizza oder irgendein anderes Gericht die passenden Würzkräuter sammeln, so war meine Vorstellung. Aromatisch und taufrisch vom Garten in die Küche.

Aber wollte ich nicht auch einen Teegarten haben? Wie sehr liebte ich als Kind die Teeläden in der Großstadt, den Duft nach Lakritz, Zitrone, Schwarzem Tee und Kaugummi. Meine Wunschliste nahm kein Ende, dachte ich doch bereits über eine Kräuterapotheke nach. Die kleinen Alltagsbeschwerden wie Husten und Schnupfen, Halsweh oder Kopfschmerzen, aufgeschürfte Kinderbeine oder gar ein Wespenstich galt es ständig zu behandeln. Ich war es gewohnt, nicht gleich zur chemischen Keule zu greifen, ohne leichtsinnig zu sein.

In meiner Kindheit besuchten wir noch die gute Kräuterhexe auf dem Wochenmarkt. Sie verkaufte Kräutersalben, Tinkturen und viele verschiedene frische Kräuter.

All das wollte ich in diesem Zimmer selbst verwirklichen, etwas Feineres konnte ich mir nicht vorstellen.

Kräuterrad mit zwölf Beeten

Als Erstes zeichnete ich wieder einen runden Gartenraum auf mein Papier, gleich dem Formengarten und natürlich auch wieder nah am Haus, nahe der Küche. Für meine Kräuter benötigte ich allerdings diesmal Beete mit klarer Abgrenzung, der besseren Pflege wegen. Es schien mir am einfachsten, einen großen Kreis in zwölf Teile zu zerlegen, wie eine Torte.

Die Mitte wollte ich besonders hervorheben und zeichnete sie als eigenen Kreis. Für den Durchmesser des Kräuterrondells plante ich zehn Meter ein. Für den äußeren Rahmen sollten sich sehr niedrige Bäume und Sträucher als sinnvoll erweisen. Schließlich braucht ein Kräutergarten viel Sonne.

Bevor es losgeht

Dann begann das große Auflisten. Denn bevor es an die Beeteinteilung und Beschaffung der Samen geht, sollte man sich genau überlegen und planen, welche Kräuter man anbauen möchte. Welche Gewürze man gerne in der Küche verwendet, welches Zipperlein man behandeln möchte, Schürfwunden, Husten, Schnupfen oder Kopfweh …

Für mich war es zudem besonders wichtig, ob es winterharte Pflanzen für die asiatische Küche gibt, die ich so liebe. Oder aber Provencekräuter. Ob ich auch genug Platz für meine Zwiebelsammlung, wie Italienische Frühlings-Zwiebel, Libanon-Lauch, Schnitt-Knoblauch, Russischer Schnittlauch, Chinesischer Lauch, Sternblumen-Lauch, habe. Kräuter für meine Hautcreme, meinen Kräutertee und mit denen ich einen Kräuterlikör ansetzen kann.

Aber ob süß, sauer, bitter oder scharf, für jede Geschmacksrichtung hält Mutter Natur einige Pflanzen parat, einfache Naturheilmittel inklusive.

1   Kräuterrad
2   Pferdestall
3   Mispeln
4   Trompetenbaum

oben links Dicht drängen sich die Kräuter um den besten Platz. Ob Lavendel, Baldrian oder Majoran, hier dürfen Kräuter wachsen, wo sie sich am wohlsten fühlen.
unten links Nah am Haus, direkt neben dem Formengarten, liegt die 30 Quadratmeter große Kräutertorte.
rechts Rundhölzer halten den Schotter auf den Wegen und trennen die Beete von der Wiese.

Einfache Pflanzenbeschaffung

Die Beschaffung der zum Teil seltenen Pflanzen, wie Weiße Melissen, Rosen-Melisse, Blut-Ampfer, Römischer Schild-Ampfer, war vor mehr als 20 Jahren noch das größere Problem. Heute erledigt man das unter Umständen sogar sitzend am Computer über das Internet.

Einen überraschend großen Teil der gesuchten Kräuter hatte ich allerdings bereits, z. B. Russischer Schnittlauch, Ampfersorten. Sie versteckten sich in der Wiese und fielen mir erst im Frühjahr auf. Die brauchte ich also nur noch zu ernten.

Mittelpunkt im Kräutergarten

Etwas Besonderes wollte ich mir für den Mittelpunkt des Kräutergartens einfallen lassen, für Pflanzen, die vielleicht meinen lehmigen Boden nicht so sehr mochten. Ich plante ein kleines, rundes Hochbeet, in dem es keine Staunässe im Frühjahr gab und obendrein noch eine besonders nährstoffreiche Erde für anspruchsvollere Pflanzen.

Schritt für Schritt zum Kräuterrad

Das Material für das Kräuterzimmer war schnell besorgt und preiswert. Ich brauchte etwas Schotter für die Wege, Natursteine für das Hochbeet, die auf dem Grundstück herumlagen und ganz viel Muskelkraft. Rundhölzer für die Einfassung bekam ich vom Nachbarn.

Einteilung des Kräuterrads

So eine Kräutertorte ist eigentlich nicht schwer anzulegen. Etwas ungeschickt war ich am Anfang schon, das gebe ich gerne zu, musste ich doch die ganze Grasnarbe abtragen. Mit etwas Mühe hatte ich es aber nach zwei Tagen geschafft. Die Aufteilung des Kreises in zwölf Stücke kann mit einer Schnur und einem Stöckchen als Zirkel schnell erledigt werden.

Die Einschnitte für die zwölf Segmente werden zu begehbaren Pfaden und zwar so breit, wie die Füße lang sind. Die

Beete selbst dürfen in ihrer größten Ausdehnung nur so breit sein, dass man bequem mit dem Arm bis zur Mitte reichen kann, bei mir im Garten etwa 1,30 Meter. So braucht man beim Jäten nicht zwischen die Pflanzen zu treten und verhindert ein Verdichten der Erde. Für die kleinen Laufpfade eignet sich Schotter sehr gut. Damit sich die kleinen Steine nicht gleich in den lehmigen Untergrund drücken und verschwinden, ist es praktisch, ein wasserdurchlässiges Vlies unterzulegen.

Hochbeet aus Naturmaterial

Der Mittelpunkt in meiner Kräutertorte ist ein 50 Zentimeter hohes, rundes Hochbeet. Aus Natursteinen schichtete ich es mit leichter Neigung nach innen und einem Durchmesser von etwa zwei Metern auf. Solch ein Hochbeet wird zunächst mit Naturmaterial gefüllt – ich verwendete hierzu sämtliches

links In der Mitte des Kräuterrads setzt ein Hochbeet aus Naturmaterialien Akzente. Hier finden etwas anspruchsvollere Kräuter ihren Platz.
rechts Durch die Pflegewege kann man bequem jedes der zwölf kleinen Beete pflegen. Vorne in der Mitte steht eine Eberraute.

links Schneide ich regelmäßig meine Kräuter, wachsen sie auch mehrmals nach. Ihr Bestand wird dichter und mein Ertrag höher. Der Schnitt erfolgt meist vor der Blüte, um Selbstaussaat zu vermeiden.
mitte Ein Regenmesser ist nützlich, er zeigt einem die tatsächlichen Mengen des letzten Schauers genau an.
rechts Mein Garten ist voller, zum Teil selbstgemachter Dekorationen. Diese kleinen, bunten Glasvögel fürchten die echten jedoch nicht.

Material, das ich auf dem Grundstück herumliegen hatte, wie alte, kleine, morsche Bretter, Stroh und Heureste aus der Scheune, ein paar Steine. Auch mein erster, halbverrotteter Kompost wanderte in das Hochbeet. Und dann hatte ich ja noch die Stelle mit dem guten Humus, den ich als Abschluss auf meinem frischen Hochbeet verteilte, ebenso auf meinen übrigen zwölf Tortenstückchen. So ist die Anlage gut vorbereitet und wartet nur noch auf den Einzug der Pflanzen.

Gut gepflanzt ist halb gewachsen
Gut durchwurzelte Kräutertöpfe mit gesundem, sattgrünem Pflanzmaterial sind beste Voraussetzungen für zuverlässiges Anwachsen. Beim Pflanzen ist es sehr wichtig, die kleinen Pflanzenballen tief genug anzudrücken und sorgfältig zu wässern. Sitzen die Stauden zu hoch, können sie im Winter vom Frost aus dem Erdreich gedrückt werden; dann erfrieren und vertrocknen sie.

Pflegeleicht und schneckenfeindlich
Die Anlage in dem Gartenraum erweist sich als äußerst praktisch. Die Wege sind immer trocken. Die Holzkante zur Wiese hin bildet einen ordentlichen Abschluss und erleichtert heute saubere Mäharbeiten. In den frühen Morgenstunden und zum Einbruch der Dunkelheit kann ich die Nacktschnecken, die nach wie vor zu meinen Erzfeinden gehören, viel besser auf ihren Rückzügen in die Wiese erkennen und vernichten.

Sind die Stauden erst einmal eingewachsen, bleiben bald keine Lücken mehr, in denen man jäten müsste. Der Arbeitsaufwand bezieht sich eher auf das Ernten.

WÜHLMAUSFREIE ZONE
Mit einem Hochbeet kann man in einem gefährdeten Garten leicht eine wühlmausfreie Zone schaffen. Man muss nur zu Beginn der Anlage den Boden und in der Höhe von etwa 40 Zentimetern den Rand des Hochbeetes innen ordentlich mit Fliegendraht auskleiden. Da kommt auch das kleinste Mäuslein nicht mehr durch. Die Zwischenräume meiner Natursteinmauer habe ich zudem vorher sorgfältig mit Erdmaterial verfüllt, um das Abrutschen der einzelnen Steine zu verhindern.

Römischer Schild-Sauerampfer
Rumex scutatus

Kriechendes Bohnenkraut
Satureja spicigera

Borretsch
Borago officinalis

Kräutervielfalt in zwölf Beeten

Duftende Kräuter zum Süßen

Mein Lieblingsvorrat an Kräutern ist duftender Kräuterzucker. Hierfür lege ich getrocknete, noch stark duftende Blüten zum Beispiel vom **Lavendel** geschichtet in einfachen Haushaltszucker ein (eine Tasse Blüten auf drei Tassen Zucker). Der Zucker bekommt so eine sanfte, blumige Note. Ich verwende ihn für Sahne, süße Getränke, Süßspeisen, Gebäck und süße Aufläufe.

Kräuter in Likör veredeln

Wenn man frische Kräuter wie **Minzen**, **Melissen** und **Monarden** im Verhältnis 2:1 Volumenmenge mit Kandiszucker bedeckt und mit einem einfachen Korn aufgießt, hat man nach wenigen Monaten einen gesunden, aromatischen Likör. Auch Essige und Öle lassen sich mit Kräutern hervorragend veredeln.

Blütenzauber in Eis

Die frischen Blüten der **Kapuzinerkresse**, von **Borretsch**, **Königskerzen** oder auch **Muskateller-Salbei** kann man hübsch in Eiswürfelschalen mit Wasser einfrieren. Blüten-Eis in einer Apfelsaftschorle ist etwas ganz Ausgefallenes.

Angenehme Säure – auch zum Einfrieren

Römischer Schild-Sauerampfer breitet sich sehr schnell aus. Vom Frühling bis zum Herbst bringen die knackigen Blätter eine angenehme Säure in die Speisen. Er lässt sich wie **Bärlauch**, **Ampfer**, **Dill** oder auch **Schnittlauch** fein geschnitten sehr gut trocken und in Schraubgläsern einfrieren. Ein Vorteil ist, dass der Geruch im Glas bleibt, was bei Zwiebelgewächsen besonders wichtig ist.

Indianernessel
Monarda didyma

Schottischer Liebstöckel
Ligusticum scoticum

Marokkanische Minze
Mentha spicata var. *crispa*

Kräuter in feinem Öl

Zur Herstellung von Pesto, das ich mit etwas Salz, frischen, zerkleinerten Kräutern und Öl anrühre (drei Tassen Kräuterpürree auf zwei Tassen Diestelöl plus Öl zum Aufgießen, das die Oberfläche bedeckt) eignen sich Pflanzen wie **Petersilie**, **Bärlauch**, **Stauden-Kresse** oder **Schottischer Liebstöckel**. Letzterer ganz besonders, weil er sowohl nach Maggi als auch nach Sellerie und Petersilie schmeckt. So kann ich mich das ganze Jahr an diesen sterilisierten (20 Minuten bei 80 °C einwecken) Kräuterschätzen erfreuen.

Bärbels Teekräuter

Für meinen Kräutertee sind die getrockneten **Indianernesseln** eine wichtige Zutat. Sie geben ihm das Aroma von „Early Grey", einem Schwarztee. Die **Krause Minze** schmeckt nach Kaugummi. Auch die getrockneten **Melissen** passen in dieses gesunde Getränk. Die Kräuter werden alle in gleichen Anteilen gemischt.

KRÄUTERLIMONADE

Eine Mischung aus getrockneten Kräutern wie z. B. Indianernesseln, Pfefferminze, Zitronen-Melisse und Blättern der Schwarzen Johannisbeere wird 10 Minuten in einem Weck-Kessel zu einem starken, dunklen Tee gekocht. In 20 l siedenden Tee rührt man 375 ml Zitronensaft und süßt nach Belieben mit Zucker. Der Zucker muss sich völlig auflösen. Saubere Flaschen und Schraubverschlüsse werden mit kochendem Wasser sterilisiert. Die heiße Limonade bei mindestens 80 °C in diese Flaschen füllen und abkühlen lassen.

Zum Einwecken, 30 Minuten bei 80 °C in Glasgefäße mit Gummiring, muss die Limonade vorher auf Zimmertemperatur abkühlen. Das Getränk ist in der Regel mehrere Jahre haltbar.

Gold-Oregano
Origanum vulgare 'Goldtaler'

Muskateller-Salbei
Salvia sclarea

Thymian
Thymus vulgaris

Einfache Kräutersalze

Kräuter kann man zur Herstellung von Würzsalzen verwenden, besonders gut eignen sich **Oregano, Bohnenkraut, Thymian** (ganzes Kraut) oder die Blüten vom **Muskateller-Salbei**. Das ist recht einfach und das Aroma bleibt trotzdem gut erhalten. Man zerkleinert die getrockneten Kräuter, gemischt oder einzeln und stampft sie mit reichlich Salz im Verhältnis 2:1 in kleine Fässchen ein, wenn möglich in Steingut. Ohne Licht behalten sie eine schöne Farbe.

Der Duft und die Würze, die über dem Kräutergarten
in der Luft liegt, ist die beste Aromatherapie.
Auch Insekten bieten diese herrlichen Köstlichkeiten
noch Nektar, wenn die Hauptblüte in den Gärten und
der Landschaft bereits vorbei ist.

Ätherische Öle

In sonniger Lage entwickeln die berühmten **Kräuter der Provence** einen besonders hohen Gehalt an ätherischen Ölen, die man sogar mit Hilfe der Destillation einfangen und aufbewahren kann. Sie sind danach aber so intensiv, dass man sie nicht unverdünnt weiterverarbeiten sollte. Zu dieser Kräutermischung gehört **Thymian, Rosmarin, Oregano, Majoran, Bohnenkraut** und **Lavendel**.

Frisch im Geschmack

Die **Zitronen-Melisse** schmeckt am besten ganz frisch gepflückt aus dem Garten. Da duftet sie noch nach Zitrone und macht ihrem Namen alle Ehre. Kaum ist sie getrocknet oder erhitzt, hat sich das frische Aroma leider wieder verflüchtigt. Die zarten Blättchen passen beispielsweise gut zu knackigen Salaten und die stimmungsaufhellende Wirkung bekommt man gratis dazu.

Zitronen-Melisse
Melissa officinalis

Letzte Kräuterschätze im Winter

Nur im Winter wird es im Kräuterzimmer ruhig. Fast alle Stauden ziehen ihre Blätter ein. Die kleinen Brutzwiebelchen des **Chinesischen Lauchs** *(Allium odorum)* könnte ich vielleicht noch für Mixedpickles ernten. Sie sind aber inzwischen recht scharf. **Salbei** würde es mir vielleicht auch noch verzeihen, wenn ich das eine oder andere Blättchen mal abzupfe. Jedoch, das meiste habe ich bereits verarbeitet in meiner Speisekammer stehen. Das tägliche Würzen der Speisen mit frischen Kräutern und ein vielseitiger Wintervorrat ist nicht nur lecker, es stabilisiert auch unser Immunsystem und erhält unseren Stoffwechsel gesund.

Die Natur ist eben doch mit Abstand
der beste Lieferant für die Gesundheit, den man
sich vorstellen kann.

THYMIAN–MASSAGEÖL

Im Hochsommer geöffnete Thymianblüten ernten, zerkleinern und über Wasserdampf destillieren. Das so gewonnene scharfe, ätherische Öl am Handrücken mit winziger Menge auf Kontaktallergie testen. Erst dann verrührt man je 50 ml Jojoba- und Mandel-Öl mit 20 Tropfen Wacholder-Öl und 20 Tropfen Thymian-Öl. Es wirkt beruhigend, durchblutungsfördernd und nervenstärkend.

Ein Herbstgarten leuchtend und schön,
in dem auch an Oktobertagen die Sonne noch lacht
und die Sterne der Astern strahlen.

Herbstgarten mit Astern

Durch die räumliche Lage des Hauses auf meinem Grundstück ergab es sich, dass in unmittelbarer Nähe zum Haus
nur noch für ein Gartenzimmer ein Platz vorhanden war.
Jedoch welches Thema sollte ich diesem bevorzugten Raum
widmen?

Meine Alten Rosen waren unnachgiebig. Sie gönnten mir
keine einzige Blüte mehr. Es war Herbst. Der Kräutergarten
wurde mehrfach abgeerntet und streikte. Jetzt sei es genug!
Ich träumte davon, über einen kleinen Weg einen Raum
zu erreichen, an dem mich auch noch an einem trüben
Oktobertag die Sonne anlacht. Oder sollte ich besser sagen,
dass mich dort die Sterne der Astern anstrahlen?
Es sollte ein Herbstgarten an meinem Haus werden mit
hunderten von Herbstblühern. Etwas hatte ich gesehen,
das mich besonders faszinierte. Es war ein Meer von Astern.
Damit wollte ich beginnen.

Durchgangszimmer mit Charme

Nach und nach reifte das Gartenkonzept heran. Bei dem Gesamtkunstwerk durfte ich allerdings die praktischen Erwägungen nicht außer Acht lassen. Mir stellte sich die Frage, wie ich die Einzelräume miteinander verbinden könnte. Brauchte ich einmal Baumaterial, zum Beispiel für einen neuen Weg, so wollte ich auch mit dem Traktor zu einem der weiter entfernten Räume gelangen. Nur schmale Pfade, verschlungen

1	Asternbeet	4	Holzlege	7	Amberbaum
2	Gewächshaus	5	Garage	8	Mammutbaum
3	WC	6	Sieben Söhne	9	Elsbeere
			des Himmels		

und romantisch, hätten sich früher oder später als Katastrophe herausgestellt. Natürlich plante ich stets, dass ich mindestens mit der Schubkarre überall hindurchfahren konnte.

Garten(t)räume verbinden

Meine Idee war es deshalb, wegen der enormen Gesamtgröße, die ja fast der Größe eines Fußballfeldes entsprach, zwei breite Einfahrten anzulegen, mit zwei großen Toren. Eines sollte oben am Haus im Norden und das andere im Süden des Grundstückes sein. Auf diese Weise passierte etwas, was mir zunächst heftig widersprach. Ich hatte in diesem Raum keinen Kreis mehr. Ich musste mitten durch den Herbstgarten die Zufahrt für das obere, breite Tor frei lassen. Für das Gewächshaus war der Platz ideal, der dem Haus am nächsten war, mit einem schmalen Zugang zur Wohnung.

Ein Beet mit Sternen

Auf der anderen Seite des Weges plante ich, den gesamten toten Winkel mit Astern zu bepflanzen, eingefasst mit Bäumen und Sträuchern im Norden und Osten. Die Asternblüten zeigen ihre Pracht am besten in voller Sonne. Sie mögen einen lehmigen Standort, der nicht so schnell austrocknet. Ideal ist es, so ein großes Asternbeet mit einigen Gräsern aufzulockern. Sie verleihen dem Ganzen, gerade im Winter geschmückt mit dem ersten Raureif, einen besonderen Charme.

links Die bunte Mischung im Asternbeet bringt Spannung in den herbstlichen Garten.

rechts oben Auf der Raublatt-Aster, *Aster novae-angliae* 'Herbstschnee', lässt sich ein C-Falter nieder. Hier steht noch reichlich Nektar zur Verfügung.

rechts unten Nach Wuchshöhen abgestuft bilden die Astern ein harmonisches Ganzes. Niedrige Sorten verdecken geschickt die oft kahlen Stängel der hohen Astern.

Platz für die Kleinen

Es blieb eine Menge Platz zum Experimentieren. Mal lagerte ich hier das Holz für einen künftigen Unterstand, mal nutzte ich ihn für die Vorkultur besonderer Pflanzen unter Folientunneln, die ich dann aber ganz schnell wieder abbaute. Sie verschandelten meinen Garten gar so schrecklich. Für viele Jungbäume, die ich aus Samen gezogen hatte, war es die Zwischenstation, bis sie an ihren eigentlichen Bestimmungsort durften. Der Herbstgarten war bald eine Art Durchgangszimmer.

Gartenzimmer zum Abschließen

Für mich erfüllte der Herbstgarten seinen Zweck und bei den späteren Gartenführungen war es ein abgelegener Winkel, der eigentlich nur im Herbst besonders schön aufgeräumt zu sein hatte. Es ist doch wie in einem Haus und einem so genannten Wirtschaftsraum. Es fehlt nur die Tür, die man ab und zu besser schließt. Apropos Haus, ein Garten-WC gibt es hier inzwischen auch, natürlich gut versteckt hinter immergrünen Sträuchern und mit einem Zugang zur Kanalisation.

Ein abgelegener Winkel im Garten, der nur im Herbst besonders schön und aufgeräumt sein muss.

Pflegeleicht und unkompliziert

Von März bis Juni ist dieser Raum ein Durchgangszimmer, in dieser Zeit spielt höchstens der Rasenmäher ein Rolle. Abgestorbene Zweige der Gehölze werden bereits im Februar entfernt.

Kleine Gestaltungstricks

Der Schwerpunkt des Herbstgartens sind auch heute noch die Astern. Ich habe sie in unterschiedlichen Farben und Höhen gepflanzt. Die ganz hohen Sorten haben einen Platz im Hintergrund bekommen. Ist der Herbst besonders stürmisch, sind sie dankbar für eine Stütze. Bei der Wahl der Stäbe achte ich darauf, dass sie unscheinbar sind und man sie kaum bemerkt. Vereinzelt setze ich aber auch große, dekorative Stäbe mit Glaskugeln, um den Garten noch vor der Blüte ein wenig zu schmücken.

Pflege in wenigen Minuten

Die nunmehr wunderbar zusammengewachsenen Stauden lassen den anfliegenden Wildsamen kaum Platz zum Keimen. So ist inzwischen der Pflegeaufwand ziemlich gering. Irgendwann im Winter, wenn gerade mal kein Schnee liegt und die Vögel die meisten Samen heruntergepickt haben, kann man in Ruhe die abgestorbenen Pflanzenteile bis zum Boden abschneiden. Das geht ziemlich einfach mit einem Freischneider. In wenigen Minuten ist das Beet sauber und aufgeräumt.

Schnelle Astern einfach umsiedeln

Bei den über 40 verschiedenen Asternsorten gibt es allerdings einige, die ich auslichten muss, damit die langsam wachsen-

links Dekorative Stäbe geben meinen Astern Halt. Hier wird das Eisenornament zweckentfremdet und von einem angewehten Sonnenhut *(Rudbeckia)* umschmeichelt.
rechts Bei so großer Blütenfülle darf auch einmal ein großzügiger Strauß mit ins Haus genommen werden.

den Astern nicht überwuchert werden. Dazu gehören *Aster ageratoides* und auch die Arten der *Aster macrophyllus*. Sie lassen sich besonders gut am Gehölzrand einsetzen, wo ihnen genügend Platz eingeräumt wird. Sie bedecken nach kurzer Zeit dauerhaft den Boden. Durch ihre Höhe von circa 80 Zentimetern bilden sie einen schönen Übergang von der Strauch- zur Krautzone.

Praktische Anzuchtstube mit Wurzelfolie

Die Wiese wird ab und zu gemäht. Im Herbst kehre ich das anfallende Laub zusammen und verteile es unter Bäumen und Sträuchern. So gebe ich die Nährstoffe wieder an die Pflanzen zurück. Möchte ich auf einem Teil der Wiese vorübergehend Jungpflanzen in Töpfen ziehen, lege ich eine schwarze Wurzelfolie aus. Sie lässt Regenwasser hindurch, aber kein Gras von unten. Sind die Pflanzen groß und kommen in die Erde, kann ich die Folie wieder zusammenrollen und aufräumen.

GUTER DÜNGER FÜR ASTERN

Im Frühjahr, wenn das Bodenleben wieder erwacht, ist die beste Zeit für eine ordentliche Kompostgabe, die ich großzügig über das Beet streue. Für einen Quadratmeter nehme ich bis zu zehn Liter. Kompost hat den Vorteil, dass er nicht eingearbeitet werden muss. Ich kann kaum überdüngen. Die Mikroorganismen lockern den Boden dort, wo ich mit der Hacke gar nicht mehr arbeiten kann. Gerade im Asternbeet wächst die Wurzelschicht der einzelnen Stauden schnell zu einem dichten Geflecht zusammen.

Um über 40 verschiedene Asternsorten später noch benennen zu können, hat jede einzelne eine Nummer erhalten. Was sich hinter der Nummer verbirgt, lese ich dann in meiner Pflanzliste nach.

Meine Astern im Beet: 1) Prof.A.Kippenberg 2) Rosenwichtel 3) Alice Haslam 4) Herbstgruß v. Bremerhafen 5) Kassel 6) Lady in Blue 7) Augenweide 8) Silber Blaukissen 9) Treasure 10) Purple Down 11) Feuersiegel 12) Gold-Aster 13) Paul Gerber 14) Herbstschnee 15) Crimson Brokade 16) Schöne von Dietlikon 17) Dauerblau 18) Lisboa 19) Bahndamm 20) Ashvi 21) Asran 22) Major 23) Butzemann 24) Snow flurry 25) Starlight 26) Blauschleier 27) Barrs Blue 28) Prince 29) Feilenblatt-Aster 30) Nanus 31) Pink Star 32) Violetta 33) Calispe 34) Little Carloni 35) Freiburg 36) Goldhaar-Aster 37) Goldrutenaster (x Solidaster) 38) *Aster ageratoides* 40) Paul Gerber 41) Großbblatt-Aster / Herzblättrige Aster 42) Herbstschnee 43) Schein-Aster / Sternwolken-Aster 44) Alma Pötschke 45) Freiburg 46) Augenweide

Raublatt-Astern
'Herbstschnee', 'Paul Gerber'
Aster novae-angliae

Herbst-Astern
'Silberblaukissen', 'Rosenwichtel'
Aster dumosus

Niedrige Ödland-Aster
Aster sedifolius 'Nanus'

Astern – kleine Sterne im Herbstgarten

Im Herbst ist der große Auftritt meiner Astern. Sie belohnen mich mit einem Chorus von Farbklängen, mit einer zarten Untermalung von summenden, brummenden, flatternden und zirpenden Insekten.

Arten- und Sortenvielfalt

Meine wichtigsten Asternarten im Garten sind: *Aster tradescantii* (Tradescants Aster), *A. novi-belgii* (Glattblatt-Aster), *A. agnatoides*, *A. amellus* (Berg-Aster), *A. pansus*, *A. dumosus* (Herbst-Aster), *A. laevis* (Glatte Aster), *A. laterifolius* (Kattun-Aster), *A. sedifolius*, *A. ericoides* (Erika-Aster), *A. novae-angliae* (Raublatt-Aster), *A. cordifolius* (Schleier-Aster), *A. macrophyllus* (Großblatt-Aster). Mit so einem außergewöhnlichen Farben- und Höhensortiment kann man ein

Beet sehr lebendig gestalten. Die Namen der speziellen Sorten wie 'Rosenwichtel' (15 cm Höhe, dunkelrosa), 'Lady in Blue'(40 cm Höhe, blauviolett), 'Herbstschnee' (130 cm Höhe, weiß), 'Alma Pötschke' (80 cm Höhe, lachsrot), 'Butzemann' (20 cm Höhe, violett) oder 'Snow flurry' (10 cm Höhe, weiß) sind häufig etwas einprägsamer, als deren botanische Bezeichnung.

Erste Blüher in Blau und Rosa

Im Sommer, oft schon ab Juni, strahlen mich die ersten, recht niedrigen Vertreter in Blau und Rosa aus dem vorderen Bereich der Rabatte an. Es sind die **Alpen-Astern**. Sie sind sozusagen der Auftakt in diesem Blütenreigen und für echte Alpen-Astern sogar relativ späte Sorten.

Glattblatt-Aster 'Violetta'
Aster novi-belgii

FEINER SCHLEHEN-LIKÖR

Für diesen Likör verwendet man nur Schlehen, die genügend Frost bekommen haben. Zur Not legt man sie einige Tage in den Gefrierschrank, um die Säure ein wenig zu mildern. Für den Ansatz gibt man 300 g Früchte in eine größere Flasche, zusammen mit 300 g braunem Zucker, einer Stange Zimt, drei Nelken und etwas Kardamom. Um ein kräftigeres Mandelaroma zu erhalten, gibt man noch drei zerstoßene Schlehenkerne dazu. Übergossen wird das Ganze nun mit einer Flasche braunem 54%igem Rum. Das Gefäß wird verschlossen und ab und zu geschüttelt, damit sich der Zucker auflöst. Bis zum nächsten Winter ist dieser Likör dann perfekt.

Blütenmeer in Gelb

Nach und nach gesellen sich ab August die gelben Vertreter der **Raublatt-Astern** dazu. Sie sollen widerstandsfähiger gegen Mehltau sein. Im vorderen Bereich blüht alles in Gelb. Das sind aber nicht nur Astern, ich habe **Goldrutenaster** (× Solidaster) dazwischengepflanzt. Sieht wirklich nett aus, diese Kreuzung aus *Solidago* (Goldrute) und Aster. Aber für die anderen, die vielen gelben Sonnenhüte, *Rudbeckia*, kann ich wirklich nichts. Die hat der Wind dort hingeweht. Es war eine gute Idee von Mutter Natur.

Dekorativ mit großem Blatt

Hinter den gelben Blüten machen sich Großblatt-Astern breit, *Aster macrophyllus*. Die Sorte 'Little Carloni' besitzt einen kräftigen Wurzelstock und vermehrt sich recht stark. Mit ihr könnte man in kurzer Zeit stattliche Flächen begrünen. Im Asternbeet muss ich sie allerdings ständig im Auge behalten, da sie kleinere Astern schnell mal verdrängt. Sie ist relativ schattenverträglich und bildet bodennah große Blattpolster. Nur die Blütenstiele mit ihren lavendelblauen Blütendolden können einen Meter Höhe erreichen.

Meine Astern sind besondere Sterne im Blumenbeet. Sie erstahlen ab Juni bis in den Herbst in bunten Farben.

Amberbaum
Liquidambar orientalis

Elsbeere
Sorbus torminalis

Losbaum
Clerodendrum trichotomum

Pflanzenbegleiter für Astern

Aber nicht nur die Astern prägen das Bild in diesem Garten-teil. Hier stehen viele prächtige Gehölze und bilden einen passenden Rahmen.

Faszinierende Baumpersönlichkeiten

Die **Tulpen-Magnolie** bietet mit ihren rosaweißen, tulpen-ähnlichen Blüten ein echtes Highlight im Frühling in dem ansonsten so herbstlichen Zimmer. Sie erscheinen vor dem Laubaustrieb im April und wirken dadurch noch malerischer.

Herbstlich, und bis in den Winter hinein, wird das Astern-beet flankiert von reich fruchtenden **Schlehen**büschen. Ihre Blüten erscheinen ebenso bereits ab April, die runden bis eiförmigen, blau bereiften und essbaren Früchte erfreuen uns ab September.

Die **Elsbeere** ist heutzutage ein eher seltenes Wildgehölz. Die kleinen, apfelartigen Früchte schmecken säuerlich süß und haben einen sehr hohen Gehalt an Vitamin C, sie reifen im September. Das Laub verfärbt sich im Herbst zu einem schönen, kräftigen Orange.

Ein junger **Amberbaum**, der später einmal einen bern-steinfarbenen, duftenden Kautschuk liefert, lässt mich mit seiner traumhaften, feuerroten Blattfärbung einen Indian Summer erleben.

Ein kleiner **Mammutbaum** steht mitten unter ihnen. Er kann 3.000 Jahre alt werden und 100 Meter hoch wachsen. Seine Samen reifen 25 Jahre lang. Neben dieser Pflanze fühle ich mich wie eine Eintagsfliege. Der herbstblühende **Losbaum** ist im Verhältnis dazu ein Zwerg, ein Großstrauch, der etwa

Tulpen-Magnolie
Magnolia × soulangiana

Schlehe
Prunus spinosa

ELSBEEREN-KOMPOTT

Die Elsbeeren kann man zwar auch roh essen, sie sind aber etwas mehlig. Darum eignen sie sich für ein Kompott umso besser. Hierfür kocht man mit wenig Wasser und 2 EL Zitronensaft 200 g Elsbeeren zusammen mit 500 g sehr reifen Birnen und passiert die gegarten Früchte durch die „Flotte Lotte". Ein stabiles Sieb tut es auch. Diese Fruchtmasse wird mit Zucker abgeschmeckt und nach Belieben mit einem Gläschen Birnenschnaps verfeinert. Das Mus füllt man dann in Serviergläser. Anschließend wird ein Schokoladenpudding gekocht, mit dem die Gläser dann aufgefüllt werden. Hübsch sieht ein kleines Sahnehäubchen mit zwei Beerenfrüchten und einem Melissenblättchen als Dekoration aus.

drei bis vier Meter Höhe erreicht. Seine Blüten leuchten bis Mitte September weiß auf roten Kelchen und duften nach Lilien. Die Blätter sind eine Jahrtausendealte chinesische Medizin. Sie gelten als entzündungshemmend und als Mittel gegen Bluthochdruck. Der optische Höhepunkt ist eindeutig sein Fruchtbesatz. Kugelrunde, stahlblaue Früchte sitzen auf rotem Kelch. Es ist ein äußerst dekorativer Anblick.

Von September bis in den November hinein leuchten die **„Sieben Söhne des Himmels"**. So nennt man die Siebenlinge, die kleinen, dicht aneinander kauernden Blütenknospen des gleichnamigen Großstrauches. Öffnen sich die weißen Blüten, sind sie von einem betörenden Nelkenduft umgeben. Kaum sind die Blüten verwelkt, färben sich ihre Kelche purpurrot. *Heptacodium miconioides,* wie der botanische Name lautet, ist sogar im Winter noch ein Hingucker, wenn die Borke in hellbraunen Streifen nach und nach abblättert.

Viele kleine weitere Jungbäume haben ihren Platz hier gefunden, über deren Früchte ich zum heutigen Zeitpunkt noch nichts verraten möchte. Eines jedoch ist gewiss, es kommen noch viele ungewöhnliche Geschmackserlebnisse auf mich zu. Ein Abenteuer soll es bleiben, ein Leben lang.

Auf dem kostbarsten Stückchen Land in meinem Garten wollte ich ein Zimmer, in dem es jeden Monat frisches Obst zu ernten gäbe.

Obstgarten

In meinem Traum ging ich über einen schmalen Pfad hinaus aus dem Herbstgarten. Dieser Weg war besonders geheimnisvoll. Er führte über Baumwurzeln und weichen Waldboden. Ich wollte lustwandeln durch mein Paradies. Dann irgendwann müsste dieser Weg zu Ende sein und eine Tür zu einem riesig großen Zimmer würde sich öffnen, von Sonne durchflutet. Es sollte das kostbarste Stück Land sein, das es in meiner Wiese gab.

Ein prachtvoller Obstbaum sollte neben dem anderen stehen. Ich war schließlich eine obstfressende Pflanze, wie mir mein Vater früher immer versicherte.

Sollte es also möglich sein, einen Obstgarten so zu bepflanzen, dass es in jedem Monat des Jahres frisches Obst aus dem Garten gäbe? Auch für diesen spannenden Raum hielt die Natur wieder einige Überraschungen für mich bereit.

Um diesem prächtigen Genießergarten einen besonders spektakulären Auftritt im Frühling zu verpassen, plante ich eine außergewöhnliche Inszenierung.

Der richtige Rahmen für gutes Obst

1   Obstbäume

2   Beerengarten

3   Hainbuchen

4   Gemüsegarten

5   Amberbaum

6   Sitzgruppe

7   Kastanie

8   Pergola

Es ist ein Hang in südwestlicher Richtung, sonnig und warm. Der Boden humos, lehmig und nicht steinig. Es gibt keine Staunässe, da dieser Teil an einem Hohlweg liegt. Das Wasser kann gut abfließen. Genau hier hatte jeder aus dem Dorf bis vor 30 Jahren ein Anzuchtgärtchen, das mit Schlehenhecken umgeben war. Hier bekamen die keimenden Pflänzchen ausreichend Schutz vor Wind und vor zu schneller Austrocknung. Auch hielten die dornigen Hecken ein wenig die Rehe fern. Dank der Erzählungen meines Nachbarn wusste ich, dass ich für meinen Obstgarten keinen besseren Platz hätte wählen können.

Optimaler Standort

Die Obstgehölze plante ich in drei Längsreihen in südlicher Hangrichtung. Der jeweilige Abstand von Baum zu Baum sollte je nach Sorte zwischen fünf und zehn Meter betragen. Mit der Begrenzung im Osten, in südlich abfallender Richtung verlaufend, entstand die Hauptachse des Anwesens. Dieser Hauptweg wurde breit genug, um ihn mit einem Mini-Bagger befahren zu können. Ich begrenzte den Weg auf der Obstgartenseite mit Wildgehölzen, wie Holunder, Haselnuss, Schlehe, Liguster.

An der Sonnenseite galt es einen ziemlich niedrigen Sichtschutz zu pflanzen, damit meine Obstbäume auch langfristig genügend Licht bekommen.

links Der Apfelbaum 'Rubinette' wird eine große breite Krone bekommen, die Reneklode 'Große Grüne Reneclaude' bleibt kleiner und nimmt dem Apfel nicht das Licht. Der Birnbaum 'Gute Luise' wächst schmal und hoch, so können drei Kronenformen optimal auf relativ kleinem Raum in Längsreihen stehen. **rechts** Im Frühling bringen über 3.800 kleine Narzissen, *Narcissus obvalaris*, den Obstgarten zum Erstrahlen.

Obststräucher auch für kleinere Gartenecken

Einen gewaltigen Schönheitsfehler hatte allerdings mein Grundstück. Den südlichsten Teil meines Gartens überspannte eine Stromleitung. Hier galt es, aufmerksam zu sein. Ich durfte nur Pflanzen auswählen, die auch langfristig nicht drohten, in diese Leitung zu wachsen, ja nicht einmal in ihre Nähe von vier Metern zu geraten. Also kam an diese Stelle kein hoch wachsender Obstbaum in Frage, sondern nur Obststräucher, wie Sanddorn, Stachelbeere, Mahonie und Apfelbeere sowie eine kleine Pergola, an der ich kletternde Früchte wie Weinreben hochziehen wollte.

Mit gebührendem Abstand setzte ich aber die Obstplantage unterhalb, beziehungsweise südlich dieser besagten Leitung, wieder fort.

Blickdichte Büsche

Einen alten, kleinen Schafstall vom Vorbesitzer und einen Komposter galt es noch hinter Sträuchern zu verstecken. Ich dachte gleich an Haselnussbüsche, die schnell hoch und gleichzeitig breit wachsen. Hinter solchen Büschen kann man einen Stall gut verbergen, und auch für den Komposter ist dieser Platz ideal. Im Schatten der Sträucher bleibt er länger feucht.

Obstwiese mit wildromantischer Untermalung

Mit etwa 3.800 Wildnarzissen wollte ich meine Obstwiese schmücken und mit einem schmalen Blütenband, das den Rest des Jahres als essbare Blumenrabatte herhalten musste:

Ich wollte einen Paukenschlag, das spektakulärste Frühlingserwachen, was ich mir vorstellen konnte. Vor meinem geistigen Auge zog eine Armada von Wildnarzissen vorbei.

Obstgehölze schneiden

Das Wichtigste in meinem Obstgarten sind die Schnittmaßnahmen. Man muss sehr früh damit beginnen. Traut man sich nicht, oder schneidet man zu zaghaft, dann passiert es schon mal, dass der Birnbaum nach wenigen Jahren aussieht wie eine Trauerweide.

Kleine Regeln für den Schnitt

Dabei haben mir wenige Regeln geholfen: Zeigt nach dem Schnitt die oberste Knospe nach außen, wächst der Trieb daraus auch nach außen. Zeigt die letzte Knospe nach innen, ist es umgekehrt. So kann ich die Krone von innen heraus nachhaltig gut auslichten. Die Triebspitze, die in der Baumkrone über alle anderen hinausragt, wächst am stärksten – so könnte ich, wenn ich es wollte, den Baum auch ganz schief wachsen lassen.

Je kräftiger ich schneide, umso stärker ist der nächste Austrieb. Ich schneide ja immer nur die Krone und nicht passend dazu das Wurzelwerk. Jede Zellverletzung fördert aber das „Wachstum". Und das führt mit der geballten Kraft aus dem ungestutzten Wurzelwerk ins Kronenwachstum zu hunderten von Wasserschossen. Diese reißt man am besten im Juni mit einem kräftigen Ruck beherzt von oben nach unten einfach aus der Basis heraus. Mit dem Riss entferne ich nämlich die so genannte ruhende Knospe gleich mit. So wächst aus dieser Stelle kein „wilder" Trieb mehr heraus.

Das richtige Werkzeug

Für den Gehölzschnitt braucht man gutes, scharfes Werkzeug. Schließlich fügt man dem Baum zum Teil große Wunden zu, die schnell wieder heilen sollen. Ausgerissene Rindenstücke

Als Erstes nehme ich den Mitteltrieb ins Visier. Zur Erziehung wähle ich drei Leitäste um den Mitteltrieb herum aus, kürze die Leitäste um ein Drittel und schneide den Mitteltrieb, die Stammverlängerung, so dass die Triebenden zur Mitte etwa einen Winkel von 90° bis 120° bilden. Steile und nach innen zeigende Triebe lichte ich aus.

links Bei Johannisbeeren und ihren Verwandten schneide ich alte Triebe bodennah ab und entferne überhängende Triebe, die kaum noch Früchte tragen.
rechts Ein starkes Baumgerüst trägt auch einen reichen Fruchtbehang. Die Äste stehen in lockerer Anordnung und lassen genügend Sonne an die Früchte.

und fransige Schnittkanten sind Eintrittspforten für Pilze und Bakterien. Das Werkzeug sollte der Aststärke angepasst sein, um unnötige Quetschungen zu vermeiden und eine glatte Schnittfläche zu erhalten. Um Infektionen von einem Baum zum anderen zu verhindern, kann man die Klingen nach der Arbeit mit einem Lappen und etwas Spiritus abreiben.

Erst erziehen, dann auslichten

Nach dem Erziehungsschnitt in den ersten Standjahren, reicht in der Regel ein Auslichtungsschnitt. Hier wird die Krone ausgedünnt, damit das Obst genügend Sonne durch das dichte Blattwerk bekommt. Das verbessert die Qualität. Ist das Geäst nicht mehr so dicht, kann man das Obst auch viel leichter ernten. Das Entfernen überalterter Äste hilft einem Baum, sich zu verjüngen und steigert wieder den Ertrag. So kann ein hochstämmiger Apfelbaum bis zu 150 Jahre alt werden.

Mit etwas Mut und einem guten Grundkurs in Baumschnitt bekommt man mit den Jahren die Erfahrung. Es wächst ja fast alles wieder nach. Und dann entwickelt sich ein Baum so, wie man es will.

PFLANZSCHNITT UND ERZIEHUNGSSCHNITT

Pflanze ich einen jungen Obstbaum, hat er in der Regel fünf bis sieben junge Triebe. Ich benötige für den Aufbau aber nur den Mitteltrieb und drei gut verteilte Leitäste um die Mitte herum. Ich entferne die überflüssigen und kürze die bleibenden um ein Drittel. Dann kürze ich den Mittelast, die Stammverlängerung, so ein, dass die Spitze mit den Enden der Leitäste einen Winkel von 90° ergibt. So fördere ich die Stammbildung.

Im darauffolgenden Jahr halte ich den Winkel größer, über 120° für eine schöne, breite Kronenbildung. Zuvor kürze ich den Neuzuwachs der Leitäste um ein Drittel, um danach den gewünschten Winkel beim Schnitt der Mitte zu erreichen. Damit der Stamm gerade wächst, muss die oberste Knospe jedes Jahr in eine andere Richtung zeigen. Die jungen, steilen und nach innen zeigenden Konkurrenztriebe entferne ich. So bleibt die Krone luftig und versorgt Blätter und Früchte mit genügend Sonne. Durch rechtzeitigen Erziehungsschnitt setzt der Ertrag eher ein. Das Traggerüst wird stabil und strotzt leichter einmal einem Sturm.

Nikolaus-Apfel
Malus domestica

Birne
Pyrus communis

Brombeere
Rubus fruticosus

Von Maibeere bis Nikolaus-Apfel

Wenn ich zurückdenke, an die ersten Jahre nach der Pflanzung. Meine Kinder waren so enttäuscht. Wo ist denn das Obst? Wie lange muss man denn noch warten? Für Kinder sind zwei Jahre eine Ewigkeit. Gut, dass ich Apfel, Birne, Pflaume und Co. mit fruchtigen Sträuchern eingerahmt habe.

Die Ersten im Obstgarten

Es beginnt im Mai mit den **Maibeeren**. Das sind die Früchte der *Lonicera kamtschatica*. Sie reifen tatsächlich schon im Spätfrühling und schmecken nach Heidelbeeren. Sie haben fast die gleiche Farbe, sind aber länglich statt rund. Es sind sehr anspruchslose Pflanzen.

Es folgen ab Juni die **Johannisbeeren** und ab Juli die **Stachelbeeren** mit diversen Fruchtfarben. **Himbeeren** ab

Juni und **Brombeeren** ab Juli stehen ebenfalls zeitig zum Ernten bereit. Die echten Wildformen der Stachelbeeren liebe ich besonders. Ihre Früchte sind nur wenige Millimeter kleiner, bekommen aber niemals Mehltau. Das Aroma ist hervorragend. Himbeeren ab Juni sind zwar schmackhaft, aber ich bevorzuge die späte Sorte 'Autumn Bliss', sie ist nicht wurmig. Die Brombeere 'Theodor Reimers' kann man ab Juli ernten, sie hat zwar Dornen, für mich aber das beste Aroma.

Alte Sorten mit gutem Geschmack

Bei den Bäumen stehen die alten Obstsorten immer noch an erster Stelle. Im Geschmack, bei der Verwertung und bei der Lagerfähigkeit sind sie den modernen um einiges voraus. Die

Maibeere 'Mailon'
Lonicera kamtschatica

KANDIERTE KIWIS

Aus 1 l Wasser, 2 kg Zucker und dem Mark einer Vanilleschote einen Sirup kochen. 1 kg Kiwis schälen und unter fließendem Wasser waschen. Große Früchte in dicke Scheiben schneiden. Kiwis in dem Sirup bei niedriger Temperatur 10 Minuten langsam köcheln und dann über Nacht abkühlen lassen. Am nächsten Tag den Früchtesirup vorsichtig erwärmen und 5 Minuten sanft kochen. Anschließend wieder über Nacht abkühlen lassen. 5 Tage wird dieser Vorgang wiederholt, bis die Frucht völlig mit Sirup durchtränkt ist.

Ertragsjahre bei alten Baumformen, wie zum Beispiel dem Hochstamm, zählen etwa ein Fünffaches der heutigen niedrigen Formen.

Zu meinen besten **Apfelsorten** zähle ich 'Jakob Fischer'. Er ist ein sehr guter Tafelapfel, der bereits Anfang September reif wird. Der 'Schöne von Boskoop' wird hingegen erst Mitte Dezember genussreif. Es ist also nicht die Baumreife ausschlaggebend, sondern die Genussreife. So kann ein Apfel, den man grundsätzlich bis spätestens Mitte Oktober vor starkem Frost ernten muss, erst im Februar kommenden Jahres genussreif sein. Der Nikolaus-Apfel wird Mitte Oktober geerntet und hat bis zum 6. Dezember, dem Nikolaustag, die optimale Genussreife. Kinder mögen ihn besonders gerne, weil er süß und mürbe ist. Ab Ende Dezember wird er dann mehlig.

Bei den **Birnen** verhält es sich anders. Sie werden nie am Baum reif, sondern erst nach dem Pflücken im Lager. Das kann nach einer Woche sein oder nach vier Monaten, je nach Sorte.

Pimpernuss
Staphylea pinnata

Sanddorn
Hippophae rhamnoides

Hafer-Schlehe
Prunus domestica ssp. *insititia*

Meine 'Gräfin von Paris' ist für meinen Geschmack eine der besten Birnensorten, reift ab November und ist bis Januar haltbar. Eine andere sehr gute Tafelbirne ist die 'Köstliche von Charneu'. Sie reift schon Mitte Oktober, hält sich jedoch nur bis Anfang November. Da muss ich in der Küche schnell sein.

Aromatische Wildobstgehölze
Ein Wildobstgehölz, das fast als ausgestorben galt, ist die **Hafer-Pflaume/Hafer-Schlehe**. Sie ist nahe verwandt mit der Gewöhnlichen Schlehe *(Prunus spinosa)*. Ihre Früchte sind etwa doppelt so groß und reifen Anfang September (mit dem Hafer). Sie sind angenehm süßsäuerlich im Geschmack. Man kann sie gut roh essen, im Gegensatz zu den Gewöhnlichen Schlehen.

    Sanddorn, der enorm gesund und reich an Vitaminen ist, lässt sich Anfang Oktober am leichtesten ernten, indem man die vollen Fruchttriebe abschneidet und über Nacht bei −20 °C einfriert. Tief gefroren braucht man die Früchte nur noch abzuschlagen. Sie werden zu Saft, Likör oder Mus verarbeitet.

Naschfrüchte direkt vom Strauch
Als wahre Naschfrüchte entpuppen sich die blauschwarzen **Felsenbirnen** der *Amelanchier lamarckii*. Ich pflücke sie, wenn sie gerade kräftig rot sind, etwa im Juli. Ja, so halbreif sind sie wesentlich frischer und noch etwas säuerlich im Geschmack.

    Die runden **Japanischen Weinbeeren** zupfe ich ebenfalls im Juli am liebsten direkt vom Strauch. Sie schmecken saftig, leicht süß und weinsäuerlich.

Nussaromen im Herbst
Die leckeren, aber kleinen Nüsse der **Pimpernuss** schmecken wie Pistazien. Man kann sie dann mit einem Nussknacker öffnen und essen. Wenn sie im Herbst beginnen zu reifen, klappern die Samen im Wind aneinander. Klappern hieß im

Japanische Weinbeere
Rubus phoenicolasius

MARONI-OMELETTEN

Etwa 250 g Maroni mit einem scharfen Messer einritzen, 5 Minuten im Ofen bei 200 °C rösten und anschließend schälen, möglichst auch die Innenhaut. Mit wenig Wasser die Nüsse 35 bis 45 Minuten kochen, Wasser abgießen und die Maroni zu einem Püree zerstampfen.

Der Teig für die Omeletten wird gerührt aus 250 g Maronenpüree, 250 g Mehl, 3 bis 4 Eiern, etwas Salz und ein wenig Wasser, bis ein flüssiger Teig entsteht. Dieser sollte eine halbe Stunde ruhen, bis er dann mit etwas Öl in der Pfanne ausgebacken wird. Als Füllung eignet sich jedes Fruchtmus, aber auch Honig oder Eierlikör.

Mittelalter „pimpern". Ein netter Übersetzungsfehler, aber wer weiß …

Nach gut 20 Jahren reifen im Oktober an der **Ess-Kastanie**, *Castanea sativa* inzwischen einige Kilogramm der wertvollen Nüsse heran. Unbeschreiblich vielfältig sind die Verwendungsmöglichkeiten der Maroni. Ob als Kuchen- oder Brotmehl, Pudding, Soßenbinder, Pralinen, Suppen, kandiert oder nur geröstet, die Ergebnisse sind erstaunlich delikat. Das Besondere am Kastanienmehl ist seine zarte Textur, wie man sie bei Speisestärke kennt. Pralinen werden fein schmelzend.

Es ist Geschmacksache, ob man Wildobst in purer Form oder lieber in Kombination mit anderen Früchten bevorzugt. Äpfel sind oft gute Begleiter.

Meinen Gemüsegarten stellte ich mir bunt
und ertragreich vor, ich wollte zu jeder Jahreszeit
ernten können.

Gemüsegarten

Fehlt da nicht etwas? Da ist ja ein riesengroßes Loch im
Obstgarten – mein Traum vom Schlaraffenland war noch
nicht zu Ende geträumt. Gingen meine Wünsche jetzt über
die Grenzen des Machbaren hinaus?
Ein Gemüsegarten macht Arbeit und zwar nicht zu knapp.
Wenn ich also bereit war, mich für dieses Traumzimmer so
zu plagen, dann sollten die Gemüse auch besondere Vorteile
haben. Sie mussten robust, schmackhaft und ertragreich
sein. Auf jeden Fall sollten sie auch ohne Gift wachsen
können.
Von größter Wichtigkeit war mir darum das Saatgut. Mein
Ziel war es, aus Gemüsepflanzen eigene Nachkommen zu
produzieren und sie an diesen Standort zu gewöhnen. Nur
die Robustesten würde ich vermehren. Darum durfte es
weder Hybrid-Saatgut noch gentechnisch verändert sein.
Einen großen Teil meiner Gemüse stellte ich mir mehrjährig
vor. Ich war mir sicher, da gab es eine ganze Menge.
Sie sollten meinen Arbeitsaufwand in Grenzen halten.

Beete für besondere Gemüse

In meinem Obstgarten war tatsächlich eine große Fläche frei geblieben. Die besagte Überlandleitung erlaubte keine Unterpflanzung mit höheren Bäumen. Dieses Stück Land war jedoch sicherlich ebenso geeignet für den Anbau meiner Spezialgemüse. Allerdings kam nun eine Menge harter Arbeit auf mich zu. Es mussten viele langwierige Schritte eingeplant werden, wie zum Beispiel das Urbarmachen dieser Wiese. Es würde mindestens zwei Jahre dauern, um aus dem lehmigen Untergrund einen humosen zu bekommen.

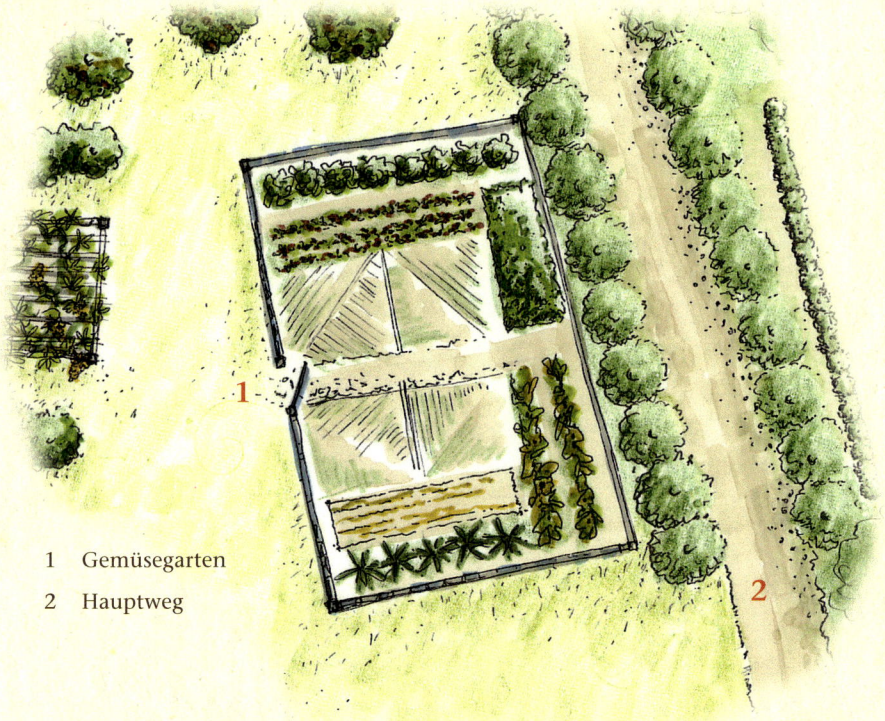

1   Gemüsegarten
2   Hauptweg

Guter Plan gegen Hase und Co.

In dieser Zeit sollte ich allerdings meine Mitbewohner richtig kennenlernen. Um mich herum entdeckte ich nach und nach ziemlich viele Mitesser, die auf diesen Paradiesgarten nur gewartet hatten. Hase und Co. schienen mich seit einiger Zeit aus der Ferne beobachtet zu haben. Wenn ich dann abends im Haus verschwand, schauten sie sich schnell einmal meine Anlage aus der Nähe an, begleitet von einem riesigen Hunger auf Jungpflanzen.

Darum plante ich zuallererst um meinen künftigen Gemüsegarten auch einen Holzzaun herum. Geschickter, wenn auch nicht gerade billig, wäre eine Zaunverlängerung in die Tiefe, das heißt, eine rundum Einfassung in der Erde mit Blechstreifen, gewesen. Ich konnte damals nicht ahnen, dass ein Vierteljahrhundert nach meinem Start in Dixenhausen immer noch alle Wühlmäuse des Dorfes sich in meinem Garten ein Stelldichein geben würden unter dem Motto: „All you can eat".

Einfaches Konzept auf 150 Quadratmetern

Komme ich nun wieder zu meinem Plan. Ich begann, das offene Stück Land zu vermessen. Zehn Meter lang und 15 Meter breit, das sollte reichen. Es galt 150 Quadratmeter in Beete einzuteilen. Ich zeichnete einen breiten Mittelweg, um einmal mit größerem Gerät in den Gemüsegarten hineinfah-

ren zu können. Ansonsten würden schmale Pfade ausreichen, so breit wie meine Füße lang waren. Im Kräutergarten kam ich gut damit zurecht.

Das einfache Konzept waren schmale Beete, maximal 1,20 Meter breit. Zur Abwechslung legte ich auch einige Beete in dreieckiger Form an. Hauptsache, ich bekam viele kleine Beete für meine etwa 80 Gemüsesorten.

oben links Kleine Beete mit klarer Abgrenzung durch Rundhölzer. Blaue Kartoffeln 'Blue Congo' wachsen neben Kohlsorten, Knollen-Ziest, *Stachys affinis* und Ehren-preis *(Veronica)*.

unten links Naschpflanzen sind wichtig für meine Führungen. Oft lässt sich der Geschmack einer fremden Speisepflanze nur schwer mit Worten erklären.

rechts Ob Grünkohl, Rotkohl, Kohlrabi, Mais, Hirse oder Amaranth, alle Gemüse werden hier einmal ausprobiert und auf Küchentauglichkeit getestet.

Gemüsevielfalt praktisch umsetzen

Das Härteste bei der Umsetzung dieses Gartenzimmers war die Bodenvorbereitung. Es musste die gesamte Fläche mit einem Spaten umgegraben werden – heute hätte ich eine Maschine dafür. Die Beete sind danach vergleichsweise schnell angelegt, Bohnenstangen errichtet und Rankhilfen für viele pflanzliche Luftakrobaten befestigt.

Frostsprengung für schwere Böden

Mühevoll entfernte ich damals noch ziemlich flach die Grasnarbe und lagerte sie separat in einer Ecke. Die riesigen Lehmschollen waren schwer, nass und klebrig und es regnete unaufhaltsam. Ich gab auf und ließ den Boden wie er war. Zum Glück, ein kalter, frostiger Winter übernahm nun meine Arbeit.

Für einen gleichmäßigen Saatabstand ziehe ich Rillen vor. Geometrische Formen kommen mit akkuraten Linien besonders gut zur Geltung.

Man nennt es Frostgare, die aus den harten Lehmklumpen krümelige Bestandteile zaubert.

Gründüngung mit Tiefenwirkung

Ist der Boden so gelockert, kann man Grünmasse-Gründüngung einsäen – für meine 150 Quadratmeter kaufte ich beispielsweise ein Kilogramm Saatgut, bestehend aus Phacelia, Perserklee, Inkarnatklee, Buchweizen, Saaterbsen, Sommerwicken und Lupinen. Es ist ideal, um den Lehmboden tief zu durchwurzeln und damit zu lockern sowie Nährstoffe einzulagern und nützliche Insekten anzulocken.

Bis zum Sommer blüht die ganze Pracht. Im Herbst wird dann der Bewuchs einfach bis zum Erdboden heruntergeschnitten und die Grünmasse ein wenig in die Erde eingearbeitet. Im nächsten Frühjahr hat man nun reichlich Unterstützung von Würmern und Mikroorganismen. Der Boden wird zunehmend dunkler und krümeliger.

Kartoffeln sind ideal als Vorkultur, sie lockern zusätzlich die Bodenstruktur und unterdrücken Beikräuter.

Einmal pflanzen, jahrelang ernten

Bei mir kamen zuallererst die Staudengemüse ins Beet. Es sind die mehrjährigen Gemüsepflanzen, die viele Jahre auf dem selben Platz bleiben können. Damit ist schon der langfristige Teil erledigt. Hier muss man künftig nur noch mulchen und ab und zu Begleitgrün entfernen – je mehr Stauden, umso besser, das schont das Kreuz.

links Weiden sind das ideale Material, um Rankhilfen im Eigenbau anzufertigen. Der Phantasie sind keine Grenzen gesetzt.
rechts Roter Sonnenhut *(Echinacea)* zwischen roten Feuer-Bohnen, einer Forchheimer Landsorte *Phaseolus coccineus* 'Preisgewinner'.

Ein- und Zweijährige in Mischkultur

In den anderen Beeten finden die ein- und zweijährigen Gemüsepflanzen ihren Platz. Ich bevozuge hier Mischkultur, wie Salat mit Kohlrabi, Möhren mit Zwiebeln, Erbsen mit Kohl, Rüben mit Bohnen, Lauch mit Haferwurzel sowie Kartoffeln mit Mais. Die Pflanzen begünstigen sich gegenseitig und benötigen relativ wenig Platz.

Kürbisgewächse – ein Beet ganz für sich alleine

Nur die Raumgreifenden, wie Gurken, Kürbis und Zucchini, bekommen bei mir ihr Beet fast für sich alleine. Hier säe ich nur Kräuter, wie Dill, Koriander oder Kapuzinerkresse dazwischen. Der Arbeitsaufwand ist größer als bei den Stauden und ich mache die Pflanzauswahl jedes Jahr neu. Auch das Pflanzmaterial muss zum Teil jährlich vorgezogen werden.
Ein Teil der Gemüse bleibt zur Saatgutgewinnung im Beet. Bei alten Landsorten ist das noch möglich und schont enorm den Geldbeutel. Da macht mir die Samenernte Freude.

WEGEBELAG GEGEN WURZELBEIKRÄUTER

Ideal bei Lehmböden im Gemüsegarten ist ein Wegematerial aus Holzhäcksel. Darunter lege ich eine wasserdurchlässige Wurzelfolie. Da lässt sich die Schicht später leicht wieder entfernen und es kommen keine Wurzelbeikräuter von unten durch. Frisches Häckselmaterial lässt kaum Wildkraut wachsen. Es entzieht der Umgebung die Nährstoffe, denn die Mikroorganismen, die das Holz zersetzen, brauchen zunächst viel Stickstoff. Nach vier bis fünf Jahren kann das verrottete Material zur Bodenverbesserung im Frühjahr in die Beete gebracht werden, oder im Sommer zum Mulchen. Vom Obstbaum- und Heckenschnitt fällt bei mir genug an und ich kann gleich wieder frischen Schnitt auf den Wegen verteilen.

Gelbe Bete 'Burpee's Golden'
Beta vulgaris var. *vulgaris*

Cardy
Cynara cardunculus

Echter Erdbeerspinat
Chenopodium folisoum

Vergessene Gemüsearten neu entdecken

Weiße bis rote und geringelte Bete

Rüben der Gelben Bete, der Weißen oder die der Geringelten unterscheiden sich stark im Geschmack. Die **Gelbe Bete** ist wohl die einzige, aus der sich ein Rohkostsalat zaubern lässt. Die **Weiße Bete**, auch Salatrübe genannt, sollte man kochen, da sie in rohem Zustand zu erdig schmeckt. Dafür überrascht sie mit ihrem hohen Zuckergehalt. Die **Geringelte** entspricht im Geschmack der typischen Roten Bete, die man gern süßsauer einlegt. Die Ernte kann zwischen Juli und Oktober erfolgen.

Eng verwandt mit der Artischocke

Von der **Cardy** isst man nur die dicken Blattstiele (im Jahr der Aussaat von August bis Oktober). Sie werden geschält, in Stücke geschnitten und gedünstet.

Seltenes Wurzelgemüse

Die **Haferwurzel**, *Tragopogon porrifolius*, ist eng verwandt mit der Schwarzwurzel und schmeckt hervorragend, vielleicht noch etwas aromatischer. Der Anbau lohnt sich auf jeden Fall. An der Luft werden die Haferwurzeln schnell braun. Darum lege ich sie vor der Zubereitung nach dem Schälen in Essigwasser. Ich mag sie gedünstet, in Butter geschwenkt und mit Kräutern betreut. Auch mit Ei, Sahne und Käse überbacken, schmecken sie sehr fein.

Wunderbare Blätter und Stiele

Alle meine Ampferarten sind mehrjährig! Eines meiner Lieblingsgerichte ist **Gemüse-Ampfer** mit Zwiebeln, Speck und Schafskäse. Mit dem Ampfer, *Rumex patientia*, hat man ein

Gemüse-Ampfer
Rumex patienta

Haferwurzel
Tragopogon porrifolius

Gemüse, das nicht sauer ist und wirklich toll schmeckt. Man erntet ihn wie Spinat, nur in riesigeren Mengen. Da ist der Kochtopf schnell voll.

Eine andere Art ist der **Alpen-Ampfer**, *Rumex alpinus*. Seine Stiele sind nach wenigen Jahren genauso dick wie die Stiele des verwandten Rhabarbers. Dieser Ampfer ist milder und man kann ihn auch nach dem 24. Juni noch ernten. Für einen Ampferkuchen benötige ich nicht mehr so viel Zucker wie für einen Rhabarberkuchen.

Feiner als Spinat

Der **Erdbeerspinat** ist ein sehr mildes Gemüse, feiner noch als Spinat. *Chenopodium folisoum* hat eine hübsche Angewohnheit: wenn man ihn beerntet, aber nicht ausgerissen hat, produziert er lange Triebe, an denen sich die roten, typischen Früchtchen entwickeln. Sie schmecken ein wenig wie Maulbeeren.

ERDBEERSPINAT MIT SPECK

1 kg junger Erdbeerspinat, der auch teilweise durch eine junge Melde ersetzt werden kann, wird gewaschen und grob geschnitten. 50 g Schinkenwürfel werden mit 2 gehackten Zwiebeln in Fett angebraten. Anschließend gibt man die gehackten Blätter in die Pfanne und rührt bei kleiner Flamme, bis das Gemüse zusammengefallen ist. Dann gibt man 100 ml Sahne, mit 1 EL Mehl verrührt hinzu sowie 1 TL gekörnte Gemüsebrühe und lässt das Ganze kurz aufkochen. Abgeschmeckt wird mit Salz und Pfeffer. Dekoriert wird diese Beilage mit den kleinen, roten Früchtchen der älteren Erdbeerspinatpflanzen.

Ewiger Kohl
Brassica spec.

Helgoländer Wildkohl
Brassica oleracea ssp. *oleracea*

Türkischer Blätterkohl
Brassica spec.

Kohl – von irisch bis türkisch

Mein erstes Staudengemüse ist der **Irische Blätterkohl**, auch **Ewiger Kohl** genannt (*Brassica* spec.). Im Frühling, nach der Schneeschmelze, ernte ich die ersten frischen Blättchen. Sie sind besonders zart und mild und passen in jeden Salat. Im Sommer pflücke ich die größeren Blätter, fülle sie mit Kräutern, Tomaten und Reis. Die Blätter schmecken wie Kohlrabi.

Der **Helgoländer Wildkohl**, *Brassica oleracea* ssp. *oleracea*, schmeckt dagegen eher kräftig und ist wuchtiger. Er ist eben noch ein Wilder. Die Blätter vertragen es, geschmort zu werden und Geräuchertes passt ganz gut zu ihm. Hat er sich zu stark vermehrt, lohnt es sich, die Blätter mit Milchsäure zu vergären. Die dicken Blätter sollte man allerdings sehr fein schneiden. Sie können bei Pflanzen im ersten Standjahr ab August, im zweiten Jahr ganzjährig und bei alten Pflanzen ab März, die jungen Triebe ernten.

Der **Türkische Blätterkohl** ist ein Schnittkohl. Die Blätter erntet man den ganzen Sommer hindurch.

Die meisten Kohlpflanzen produzieren sehr viele Samen. Man kann sie für den Winter trocken aufbewahren und bei Bedarf auf der Fensterbank daraus Sprossengemüse ziehen.

Buntes Blattstielgemüse

Stiel-Mangold, *Beta vulgaris* var. *flavescens*, gibt es in vielen bunten Sorten. Jede hat ihren eigenen Reiz. In den Gemüsebeeten wirken sie besonders dekorativ und prächtig, auf dem Essteller allerdings schmecken die bunten Sorten alle genau so, wie der einfache grüne Mangold mit weißem Stiel. Dicke Stängel lassen sich wie Spargel verarbeiten und schmecken zum Teil nussig. Die fleischigen Blätter können ab Frühsommer bis in den Winter geerntet und wie Spinat zubereitet werden.

Meerkohl
Crambe maritima

Stiel-Mangold 'Rainbow Chard'
Beta vulgaris var. *flavescens*

Feines Wildgemüse

Meerkohl, *Crambe maritima*, ist ein köstliches Sprossengemüse, das man erst nach mehreren Jahren für den Kochtopf
schneiden kann. Es sollte, wie beim Spargel, schon ausreichend Sprosse pro Pflanze produziert haben. Aber dann ist
der Meerkohl Jahr für Jahr ein wohlschmeckendes Frühlings-
gemüse. Die jungen Triebe werden gebleicht, indem man vor
dem Austrieb so lange einen dunklen Eimer über die Staude
stülpt, bis sie etwa 30 Zentimeter lang sind. Dann schneide
ich die weißen Sprosse ab und achte darauf, dass das Herz der
Pflanze stehen bleibt, aus der sie sich wieder neu entwickeln
kann.

Die Pflanzen, die ich nicht beernte, entwickeln in einer Höhe
von 60 bis 80 Zentimetern große Dolden mit dicken Knospen,
sie schmecken wie Brokkoli. Lässt man sie blühen, entfalten
sie sich zu einer prächtig duftenden Solitärstaude.

GRATIN MIT GEBLEICHTEM MEERKOHL

750 g Meerkohl putzen, die
dicken Stiele schälen und in
mundgerechte Stücke teilen.
250 g Möhren schälen und in
dünne Scheiben schneiden. Das
gesamte Gemüse ca. 8 Minuten in
wenig Salzwasser garen. Kochwas-
ser abgießen und auffangen. Eine
gewürfelte Zwiebel in heißem Fett
andünsten, mit 1 EL Mehl bestäu-
ben und mit dem Gemüsewasser
und etwas Milch ablöschen.
100 g geriebenen Hartkäse unter-
rühren und mit Salz, Pfeffer und
Muskat abschmecken. Die vorbereitete Sauce vom Herd nehmen
und 2 Eier einrühren. Jetzt
kommt das vorgegarte Gemüse in
eine gefettete Auflaufform, wird
mit der Sauce übergossen und im
Backofen bei 175 °C Umluft ca.
20 Minuten überbacken.

Rattenschwanz-Rettich
Rhaphanus sativus var. *mougri*

Malabarspinat
Basella rubra

Baumspinat 'Magenta Spreen'
Chenopodium giganteum

Baum- und Malabarspinat mit vielen Blättern

Dann wächst hier noch der **Baumspinat**, *Chenopodium giganteum*. Er kann bis zu zwei Meter hoch werden. An den Riesen kann man bis zur Blüte im Juni eine Menge Blätter ernten und ebenfalls dünsten. Unsere Vorfahren haben diese Blattmassen getrocknet und zu einem Grünmehl fein zerrieben. Im Winter wurde daraus dann wieder eine Mahlzeit gezaubert. Heute könnte man zum Beispiel eine Kartoffelsuppe damit abwandeln, indem man einfach ein paar Löffel Grünmehl unterrührt.

Der **Malabarspinat**, *Basella rubra*, lässt sich in Europa im Freiland nur bedingt anbauen. Im Gewächshaus, mit hoher Luftfeuchtigkeit, trägt er an bis zu sechs Meter langen Trieben wesentlich höhere Blattmassen. Im Freiland werden die Triebe höchstens einen Meter lang. Die dickfleischigen Blätter schmecken angenehm mild und können im August geerntet werden. Ungewohnt mutet uns allerdings der etwas schleimige Pflanzensaft an.

Radieschen ohne Knolle

Unglaublich, aber lecker, schmeckt das **Rattenschwanz-Radieschen** oder **Rattenschwanz-Rettich**, *Raphanus sativus* var. *mougri*. Hier haben unsere Vorfahren die Samenschoten eines Rettichs bis auf eine Länge von fast 40 Zentimetern selektiert. Sie schmecken saftig und scharf, wie Radieschen, und können von Juni bis September geerntet werden. Sie sind ein wunderbares, gesundes Dipp-Gemüse oder einfach wie Bohnen zu dünsten. Beim Erhitzen verliert sich die Schärfe allerdings.

Jedes Gemüse für sich hat eine ganz individuelle Geschmacksnote, die es gilt wieder zu entdecken.

Zackenschote
Bunais orientalis

Zucker-Erbse 'Blue Pod'
Pisum sativum convar. *axiphium*

Zucker-Erbse 'Sweet Golden'
Pisum sativum convar. *axiphium*

Zucker- und Zackenschoten

Zuverlässig und reich tragen meine gelben **Zuckerschoten**. *Pisum sativum* convar. *axiphium* 'Sweet Golden' sind Erbsen, die man ab Juni als junge Samenhülsen erntet. Man schwenkt sie nur kurz in Butter und bestreut sie mit frischen Kräutern. Auch die blauen Zuckerschoten *Pisum sativum* convar. *axiphium* 'Blue Pod' habe ich auf meiner Saatliste. Sie werden schneller fädig, sind dafür aber auch dekorativer.

Von einer außergewöhnlichen Staude zupfe ich mir im Frühjahr den ersten Salat, kurz nach der Schneeschmelze. So früh treibt die polnische **Zackenschote**. Ältere Blätter werden pfeffrig und scharf, ich verwende sie dann nur noch als Gewürz. Ihr Name allerdings hat mich früher sehr irritiert, die eigentliche Zackenschote, die Samenhülse, ist nur wenige Millimeter groß und ähnelt eher einem kleinen, runden, zackigen Kügelchen, als einer Schote. Von diesen Samen produziert die Pflanze reichlich und es ist sinnvoll, sie rechtzeitig zu ernten.

JUNGER RATTENSCHWANZ-RETTICH MIT FRISCHKÄSE-DIPP

Jung und klein sind die Schoten des Rattenschwanz-Rettichs noch mild und saftig. Der Dipp für diese Rohkost ist schnell zubereitet. Man verrührt zunächst 100 g Schafskäse, fein gewürfelt, mit einem halben Becher Sauerrahm und 100 g Frischkäse. Eine kleine Zwiebel, 2 Knoblauchzehen und 1 Bund Schnittlauch werden sehr fein gehackt und zu dieser Masse gegeben. Bei Bedarf kann man mit Salz und Pfeffer nachwürzen.
Natürlich schmeckt dieser kräftige Dipp auch zu Möhren, Kohlrabi, Gurke, Stangen-Sellerie, Mairübchen, Paprika oder einfach auf Weißbrot.

Unter dem Blätterdach von Bäumen und
riesigen Farnen funkeln zarte Blümchen in leuchtenden Farben.
So viele Tiere finden hier einen Lebensraum.
In diesem Gartenzimmer fühle ich, die Waldfrau, mich geborgen.

Schattengarten

Ich hatte diesen Traum von einem Schattengarten mit vielen verschiedenen Gehölzen, in dem sich jede Pflanze, jedes Tier im Schutz seines auserkorenen Baumes niederlassen konnte. Neben einem Wasserloch sah ich aufgeschichtete Steine und etwas lugte aus einer Ritze hervor. Es war eine Kröte. Sie gehörte hierher und hatte in meinem Garten ihr neues zu Hause gefunden. In diesem nassen Bereich sollten sich noch viele Tiere einfinden.

In diesem Gartenraum wollte ich auch etwas beweisen. Es hieß, Bäume würden nur stören und in ihrem Schatten könnte nichts mehr wachsen. Bäume machten Arbeit mit ihren lästigen Blättern. Und genau das tat mir in der Seele weh, weil es überhaupt nicht stimmte.

Oasen im Schatten

Die Anlage des Schattengartens plante ich im feuchtesten Bereich meiner großen Wiese, weil ich unbedingt einen kleinen Teich haben wollte. Von Weitem schon wirkte das Grün an einer Stelle viel dunkler. Bei näherem Hinsehen handelte es sich bei den dunkelgrünen Büscheln um wasserliebende Binsen. Dort war der ideale Platz für den ersten kleinen Tümpel. Wenn ich Glück hätte, würde das Wasser an dieser Stelle sogar ohne Folie stehen bleiben, denn der Unterboden bestand aus fettem Lehm.

1   Mini-Teich

2   Farne

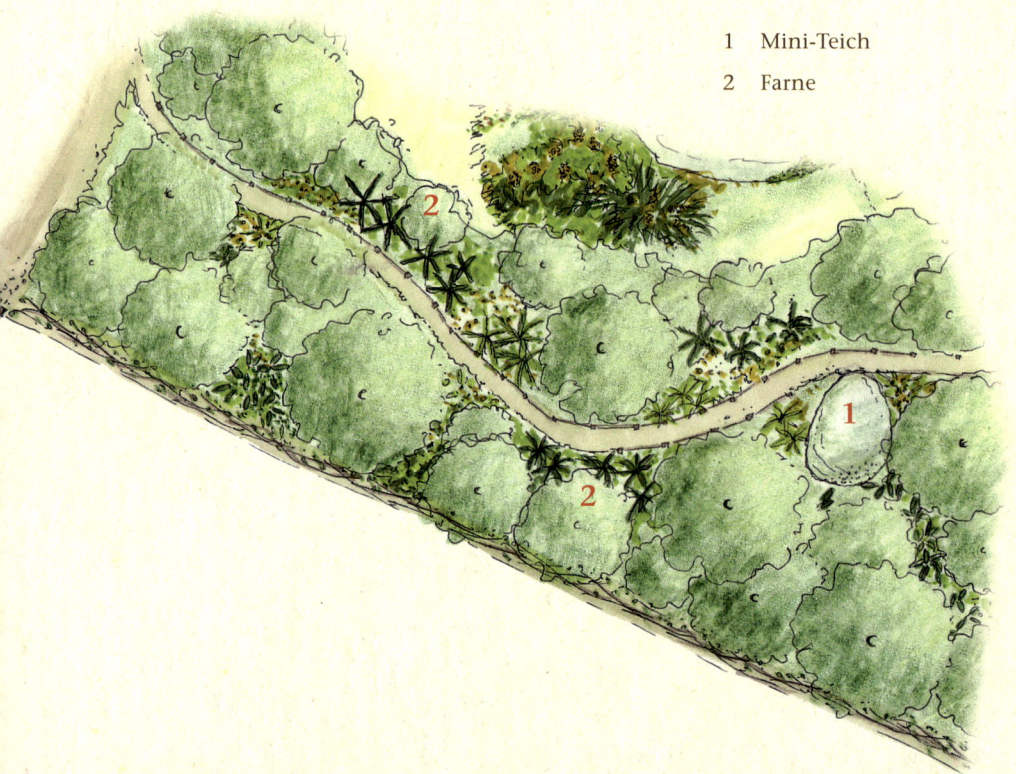

Mini-Teich mit natürlichem Boden

Den Tümpel steckte ich als Oval ab, mit einer Länge von acht Metern und einer Breite von fünf Metern. Ich plante eine maximale Tiefe von 1,70 Meter und sanft abfallende Uferböschungen. Kein Tier sollte in dem Wasser ertrinken.

Um das Oval herum steckte ich meinen obligatorischen Kreis, mit einem Durchmesser von 20 Metern. Das sollte der Pflanzkreis für wasserliebende Bäume und Sträucher werden.

Dieser Kreis berührte fast die äußere Grundstücksgrenze im Südosten. Genau dort, so glaubte ich, wäre die tiefste Stelle in meinem Hang. Darum platzierte ich hier den Aushub meines Mini-Weihers. Er sollte schließlich nicht gleich wieder auslaufen. So hatte ich auch ein wenig Struktur, das heißt, einen kleinen Hügel. Dort wollte ich als Beobachtungspunkt eine Bank hinstellen.

Kleines Paradies für Frösche und Kröten

Um Amphibien anzulocken, benötigt man Natursteine für einen Steinhaufen. Er eignet sich prima als Winterquartier für Frösche und Kröten. Die meisten Bauern freuen sich, wenn man sie um Erlaubnis bittet, ein paar Lesesteine vom Feldrand mitnehmen zu dürfen – und gerade um ein kleines Dorf herum wie Dixenhausen gab es bei der Planung des Gartenzimmers davon reichlich.

links Das Immenblatt *(Melittis melissophyllum)* mag den basenreichen Boden und erhellt den Schatten mit seinen filigranen Blütchen von Mai bis Juli.

mitte Bevor ich die erste Eidechse im Schattengarten entdeckt habe, ist diese hier in meiner Werkstatt entstanden und setzt heute Akzente in einem glänzenden Rippenfarn.

rechts Gerade im Schatten wirkt ein Tümpel viel klarer, dunkler und natürlich auch tiefer. Die Wasserpflanzen ziehen sich zurück, weil das Wasser schnell sauer wird. Die Wasseroberfläche wächst nicht mehr zu. Die Randbepflanzung kommt darum hier besonders zur Geltung.

Urwaltgestalten mit seltenen Begleitstauden

Ich plante lange im Voraus bereits die Schattenstauden. Aber bis man hier mit dem Pflanzen beginnen kann, müssen die Bäume wachsen und erst einmal den lang ersehnten Schatten und den notwendigen Humus produzieren – das dauerte bei mir ungefähr 15 Jahre. Nimmt man größere Pflanzen, dauert es nur fünf bis zehn Jahre.

Ich teilte den Schattengarten in zwei Zonen ein, den oberen und den unteren Schattengarten. Der obere war nur im Frühling sehr feucht, der andere Teil das ganze Jahr hindurch.

Gartenräume verbinden

Was ich gleich brauchte, war eine Verbindung vom Gemüsegarten zum künftigen Schattengarten, die ich wieder ausschließlich mit Bäumen und Sträuchern gestalten wollte. Der Weg dorthin würde großzügig breit sein und sollte sich allmählich in einen kleinen, verwunschenen Pfad verwandeln. Es entstand zum ersten Mal ein Wegekreuz. Ich überquerte den zukünftigen Hauptweg, der an dem einzigen, sehr lästigen Strommast vorbeiführte.

Es war klar, dass ich diesen Mast mit Hilfe von Bäumen oder Sträuchern verstecken musste. Ich hatte zunächst an diesem neuen Weg reichlich Platz bis zur Grundstücksgrenze, um noch viele interessante Gehölze zu pflanzen. Hier setzte ich Ebereschen mit verschiedenfarbigen Früchten, Blumen-Hartriegel mit essbaren Steinfrüchten, asiatische Ahorne und schöne Hortensien ein.

Ein Schattenzimmer entsteht

Tatsächlich machte ich in diesem Gartenzimmer im Laufe von zwei Jahrzehnten eine unglaubliche Erfahrung: Ein Schattengarten entsteht – je weniger ich Hand anlege, umso besser. Der Standort muss wirklich passen. Es werden einmal Laubbäume gepflanzt, den Rest erledigen die Bäume dann von alleine.

Samtweicher Teppich aus Moos

Mit dem Laub und Geäst, das Jahr für Jahr anfällt, wächst mit der Zeit die humose Schicht unter den Gehölzen. Und plötzlich fragt man sich: „Wo, um Himmels Willen ist dieses Gras geblieben?" Die Frage ist leicht beantwortet: Gras braucht Sonne zum Wachsen – und das ist das Großartigste an meinem Schattengarten, hier wächst kein Gras mehr. Eines Tages habe ich meine Schuhe und Socken zum ersten Mal

ausgezogen und bin barfuß über samtweiche Moospolster aus Weißmoos gelaufen. Sie sind flauschig, kühl und trittfest.

Der Schattengarten ist nun vorbereitet. Man kann endlich pflanzen. Alles, was kühlen, feuchten Schatten mag, brauche ich nur noch in die Erde zu setzen. Weil hier nie der Boden gedüngt wurde, kann ich neben Farnen, Alpenveilchen, Primeln und Dreiblatt (auch Waldlilie genannt) sogar heimische Orchideen setzen – an den sonnigen Gehölzrand pflanzte ich in meinem Gartenzimmer sogar pflegeleichte Taglilien.

Die Kunst der Farne

In dem feuchten Schatten explodieren sie förmlich, die großen und kleinen urwaldähnlichen Gestalten. Meine über 80 Farnsorten scheinen sich hier von Jahr zu Jahr wohler zu

links Dieses Moos (*Eurhynchium*), zeigt einen guten, humosen Boden an. Die Märzenbecher werden sich schnell ausbreiten.
rechts Der Japanische Fächer-Ahorn, *Acer palmatum* 'Orange Dream', wächst langsam und gedeiht prächtig am Eingang zum Schattengarten. Am Boden kriecht die Gundelrebe und der Waldmeister (*Galium odoratum*).

fühlen. Sie sind so robust und haben nie Krankheiten. Ende April beginnt immer das große Ausrollen ihrer Wedel. Wie Bischofsstäbe ragen sie bereits aus der Erde, bei der Entfaltung der Wedel zeigt jeder Farn ein anderes, aber für ihn typisches Gesicht. Das Erstaunliche ist die Geschwindigkeit, in der sich die Farnwedel zu entwickeln scheinen. Bereits im Herbst werden die aufgerollten Wedel angelegt, im Frühjahr recken sie sich nur noch. Die Mittelrippe streckt sich schneller als der Innenteil und so entsteht der typische Krummstab.

Drei Minuten im Jahr

Und fragt mich heute einer nach der Pflege dieser großen Fläche, wie lange ich wohl jeden Tag jäten müsse, so habe ich nur ein verschmitztes Lächeln. Ich muss keine Grasbüschel mehr zupfen, weil sie hier nicht mehr wachsen. Ab und zu greife ich ein, wenn zum Beispiel eine Pflanzenart einer kleineren über den Kopf wachsen will.

Den Pflegeaufwand pro Jahr und Quadratmeter schätze ich auf drei Minuten. Hier reduziere ich etwas Gundelrebe, entferne die kleinen Baumsämlinge, die Fuß fassen wollen und auch die kleinen Sämlinge des Mädesüß, die sich sonst ungehindert breitmachen würden. Das ist der ganze Aufwand dieses außerordentlichen Gartenteils. Ab und zu lege ich ein hübsches Stück Totholz, was obendrein noch Zierwert hat, als Nahrung zwischen die Pflanzen. Auch Geäst und Blätter im Herbst bleiben liegen und geben den Pflanzen ihre Nährstoffe wieder zurück.

links oben Mit geballter Kraft rollt ein Straußfarn seine Wedel aus.
rechts oben Rispenfarne tragen als Frostschutz filzige Häärchen.
unten Im kühlen Schatten wird die Führung im Hochsommer zur Wohltat.

Akelei
Aquilegia caerulea

Strahlen-Anemone
Anemone blanda

Aronstab
Arum maculatum

Pflanzenkünstler im Schatten

Der Weg zu meinem geliebten Schattengarten ist umgeben von Schwarzerlen. Er ist sozusagen unter ihnen entstanden, denn die Schwarzerlen gedeihen in feuchtem Boden, ja sogar mit den Füßen direkt im Wasser. Sie wachsen ungewöhnlich schnell und liefern mir dann wiederum Holzpflöcke für Beeteinfassungen.

Die Könige des Schattens
Ich habe 80 **Farne** in meinem Garten. Ob Pfauenradfarn (*Adiantum pedatum*), Hirschzungenfarn (*Asplenium scolopendrium*), Schildfarn (*Polystichum* spec.), Wurmfarn (*Dryopteris filix-mas*), Königsfarn (*Osmunda regalis*), Immergrüner Frauenhaarfarn (*Adiantum venustum*) oder Goldschuppenfarn (*Dryopteris affinis*), sie alle bestechen weder durch ihre Blüte noch irgendein Farb-

spektakel. Sie sind einfach wunderschön, die vielen filigranen, zarten Gebilde und können dort überleben, wo gewöhnliche Blütenpflanzen keine Chance haben. Mal sind ihre Wedel flaumig-weich und bis zu 1,20 Meter lang, mal sind sie ledrig gewellt und sehr schmal und mit knapp zwei Zentimeter kurz wie ein Finger.

Weiße Akzente im Staudenbeet
Ab März beginnen **Strahlen-Anemonen**, *Anemone blanda*, mit ihren weißen Blüten unter den Gehölzen hervorzustrahlen und bedecken flächig den Boden. Auch der bis zu 60 Zentimeter hohe Aronstab, *Arum*, dessen Blüten an dem fingerähnlichen „Spadix" eigentlich kaum zu sehen sind, fällt mit seinem großen, hellgrünen Deckblatt im Schatten auf. Es ist ein inter-

Hirschzungenfarn
Asplenium scolopendrium

Pfauenradfarn
Adiantum pedatum

Roter Fingerhut
Digitalis purpurea

essantes Gebilde. Die feuerroten Samenkolben kommen erst im Herbst richtig zur Geltung. Leider sind sie giftig.

Zur Blüte im Frühsommer gehören natürlich die **Akeleien**, *Aquilegia*, in der Wildform sind sie blau. Aber erst seit ich weiße Sorten wie 'Alba' vor den dunklen Schatten gepflanzt habe, schaue ich wieder richtig hin. Weiß strahlt im Dunkeln!

Wandernde Farbtupfer in Weißrot

Von Juni bis August blüht der zweijährige Fingerhut und wird nicht müde, durch meinen Garten zu wandern. Jedes Jahr taucht er durch Selbstaussaat an einer anderen Stelle wieder auf. *Digitalis purpurea* blüht in weißen und in roten Farbtönen. Seine Blütenrispen erreichen eine Höhe von 1,20 Metern. Auch sie zeigen zwischen den grünen Blattpflanzen eine ungeheure Leuchtkraft. Um ihre Blütezeit zu verlängern, braucht man nur unmittelbar nach dem Abblühen die Rispen zu entfernen. Dann kommt es bald zu einer Nachblüte.

SCHWARZTEE AUS WALDBLÄTTERN

Die Blätter von Himbeere, Brombeere, Schlehe und Wald-Erdbeere werden für Tee auf ein Tuch gelegt und mit dem Nudelholz gequetscht. Dann wird alles stramm zu einer Rolle aufgewickelt, in einem Plastikbeutel bei 30 °C für 4 Tage leicht angegoren. Anschließend müssen die Blätter auseinandergezupft und schnell getrocknet werden.

Leberblümchen
Hepatica nobilis

Lungenkraut
Pulmonaria officinalis

Gewöhnlicher Schneeball
Viburnum opulus

Bärlauch – vielfältiger Bodendecker

Der **Bärlauch**, *Allium ursinum*, in einer nassen Ecke schiebt er Knospen, die darauf warten, endlich geerntet zu werden. Schließlich sind alle Teile dieses Zwiebelgewächses essbar. Ein Pesto aus den Blättern ist noch bekannt, aber süßsauer eingelegte Knospen oder ein Essig mit Bärlauchblüten? Sogar die Zwiebelchen selbst, fein gehackt im Salat, sind eine Delikatesse. Hat man sie im eigenen Garten, sollte man das einmal ausprobieren. Und breitet sich der Bärlauch dort zu stark aus, kann man versuchen, die reifen Samen aufzufangen. Man nahm sie früher getrocknet als Pfefferersatz in der Küche.

Duftende Süßdolden

Farnähnliche Blätter mit weißen Blüten zerreibe ich zwischen meinen Fingern. Süß und nach Lakritz riechend ist nicht nur der Duft dieser **Süßdolde**, *Myrrhis odorata*. Wenige Tage nach der Blüte, Ende Mai, kann man die Samen abzupfen.

Sie schmecken wie der schwarze „Bärendreck" frisch aus der Tüte. Und das ist noch nicht alles. Lässt man die tannennadelgroßen Samen ausreifen, hat man für die Weihnachtsbäckerei ein herrliches Gewürz für Lebkuchen und Früchtebrot. Auch Anisplätzchen verleihen sie ihren typischen Geschmack.

Bunter Teppich aus Blüten

Anfang April breiten sich die Schattenblumen zu einem bunten Blütenteppich aus. Von Jahr zu Jahr werden sie üppiger. Allen voran das **Lungenkraut.** Ein Tee aus der Pflanze soll bei Atemwegsbeschwerden getrunken werden. In einer anderen Ecke duften die **Veilchen**. Um sie zu kandieren, braucht man Eischnee, Zucker und viel Geduld. Schnell kleben die kleinen Blütenblättchen aneinander.

Leberblümchen in zartem Rosa und Himmelblau stehen in Gruppen dazwischen, bis sich stolz über alle hinaus die kostbaren Blüten der vielen **Waldlilien** (auch Dreiblatt) zu den

Süßdolde
Myrrhis odorata

Duft-Veilchen
Viola odorata

Waldlilie
Trillium kurabayashii

Baumkronen recken. Nun ist auch das Blätterdach der Bäume geschlossen, denn nur im Schatten hält die Dreiblattblüte vier Wochen lang an.

Zierender Fruchtschmuck zum Herbst
Im Herbst beschließen dann die feuerroten Früchte des **Gewöhnlichen Schneeballs** den bunten Reigen. Giftig sind die Früchte nur für uns Menschen. Den Vögeln scheinen sie gut zu bekommen. Achtung, Kinder verwechseln sie leicht mit Roten Johannisbeeren, sie sehen ja sehr verführerisch aus.

Bevor die Farne ihre Wedel ausbreiten, zaubern viele Schattenblumen einen bunten Blütenteppich. Von Jahr zu Jahr blühen sie üppiger und mächtiger.

WALDKAPERN
2 Bechertassen Bärlauchknospen aus dem Garten zusammen mit Gurkengewürz in Gläser gefüllen. Ein gekochter Sud aus 250 ml Essigessenz, 150 ml Wasser, 125 g Zucker und 3 TL Salz abgekühlt über die Knospen gießen. Die verschlossenen Gläser bei 80 °C in 35 Minuten sterilisieren.

Ein Indianerzelt zum Verweilen und rumdherum
pure Natur für viele bunte Schmetterlinge.

Schmetterlingsgarten mit Tipi

Ich vermisste sie sehr, die Blumen und ihre flatternden, hungrigen Gäste in ihrer großen Vielfalt. Wie wunderbar würde es sein, einen Schmetterlingsgarten zu besitzen. In meinem Traumgarten wollte ich jeder Art einen gedeckten Tisch reichen, für den prachtvollen Falter genauso wie für die dicke, gefräßige Raupe. Diese schwierige Aufgabe spornte mich an. Das Thema „naturnaher Garten" steckte 1985 noch in den Kinderschuhen und wurde eher belächelt, ich natürlich auch. Ich liebte von Kindheit an Lagerfeuerromantik. Das vermisste ich in der Großstadt am meisten. Bei Gitarrenklängen mit Freunden gemeinsam Lieder singen, von Cowboys und Landsknechten, Heimat und alten Zeiten.Ich besaß ein Indianerzelt. Das wollte ich in diesem Garten aufstellen. Rundherum Natur pur, nichts, was künstlich aussah.

Ich überlegte, ob ich vielleicht noch einen Teich gebrauchen könnte, dieses Mal aber in der vollen Sonne. Hierher passten die Pflanzen für meine Schmetterlinge. Die Herausforderung nahm ich an.

Kleinode im Schmetterlingsgarten

Hinter dem Schattengarten blieb ein großes Wiesenstück übrig. Es war fast 200 Meter vom Haus entfernt. Ein idealer Platz also für die vielen Kleinode, die ich für dieses Zimmer verwirklichen wollte.

1 Zitter-Pappeln

2 Sitzecke

3 Tipi

4 Weidenhaus

5 Feuerstelle

6 Benjes-Hecke

7 Naturteich

Lagerfeuerromantik

Um überhaupt einmal ein Lagerfeuer anmelden zu dürfen, musste die Feuerstelle jedoch mindestens diese 200 Meter vom Dorfrand weg sein. Ich hatte also Glück. Der Platz war gut gewählt. Mit etwas Schotter und einigen Steinen als Einfassung plante ich genau mittig den Feuerplatz, mit einem Durchmesser von zwei Metern. Die feuchte Wiese bot im Sommer zusätzlichen Schutz.

Kreise für Schmetterlingsgehölze

Um die Feuerstelle herum zog ich wieder einen Kreis. Er bekam einen Durchmesser von zwölf Metern. Das wurde der innere Pflanzkreis für die Sträucher. Die höheren Gehölze plante ich außen.

Bäume und Sträucher für die Grenzbepflanzung kamen nur in Frage, wenn sie auch attraktiv genug für gefräßige Schmetterlingsraupen waren. Ich wollte es den Tierchen so appetitlich wie möglich machen.

Mit den wilden, bunten Pflanzen am Wasser
locke ich viele Gäste in meinen Garten. Hier treffe ich
bunte Libellen, Frösche, Hummeln und Wildbienen.
Ein Eldorado für Groß und Klein.

Ich wählte hier besondere Gehölze, wie die Felsenbirnen, die im Herbst noch einmal ein Highlight in meinem kleinen Naturparadies setzen und mich bei einem Lagerfeuer aus der Ferne umrahmen.

Totholzhecke mit viel Leben

Für die Grundstücksgrenze wollte ich eine ganz ausgefallene Idee eines Frankfurter Biologen aufgreifen. Er hat die nach ihm benannte „Benjes-Hecke" entwickelt. Es ist eine Aufschichtung aus Totholz. Die Vögel ernähren sich von den Früchten der Umgebung und lassen sich zur Verdauung auf dem Totholz nieder. So kann durch Abkoten der Samen in einigen Jahren eine natürliche Wildgehölzhecke im Schutz des Totholzes entstehen.

Obendrein hat dieses aufgeschichtete Material für mein Gartenzimmer noch einen erheblichen Vorteil. Hier steigt kein Reh mehr über meine Grenze, um meine Jungbäumchen zu verbeißen. Tatsächlich meiden Rehe Knackgeräusche.

Und das abgestorbene Geäst kracht ganz ordentlich, wenn man daraufsteigt.

Malerische Sitzplätze

Anschließend plante ich drei weitere Gestaltungselemente an der östlichen Grundstücksgrenze entlang. Für meine Kinder wollte ich ein Weidenhaus pflanzen, für mich eine Leseecke und für den Fall, dass der Abend am Lagerfeuer mal ins Wasser fällt, würde ich mein Tipi aufstellen.

Praktisch für alle Gartengäste

Die Voraussetzungen für eine Feuerstelle, ein Indianerzelt mit kleinem Naturweiher und einem Eldorado für Schmetterlinge waren nicht schlecht. Ein etwa 80 Quadratmeter großes Fleckchen im meinem Garten war genau der richtige Platz für die erste Aktion.

Naturteich ohne großen Aufwand

Ich vergesse nie den Moment, als sich der Vorbesitzer meiner Wiese in aller Form bei mir entschuldigt hat, dass er leider bislang keine Drainage verlegen konnte. Die Wiese sei bedauerlicherweise noch so nass.

Das genau war aber mein Glück. Ich nutzte die nächste kleine Senke in meiner Wiese neben dem Tipi und ließ ein etwa 80 Quadratmeter großes Loch ausbaggern, 1,80 Meter tief wurden nur zehn Quadratmeter. Der Rest wurde in zwei Stufen zur Uferzone, für Igel, Vogel, Maus und Co. Wie bei meinem ersten Tümpel verwendete ich den Aushub zur Anböschung an der Hangseite. Der Untergrund war reiner Lehm und nach zwei Regenwochen war der Teich schon halb voll Wasser.

Natürliches Band mit Wildblumen

Um nun endlich meinen Schmetterlingsgarten zu bekommen, musste ich eine Regel beherzigen. Dieser Garten muss den Raupen und den Faltern gefallen. Sie bevorzugen in der Regel einfache, heimische Pflanzen. Ein bisschen Wildwuchs, in dem sie nicht ständig mit Hacke und Rasenmäher bedroht werden, das lieben sie.

Die Wildblumen in der Wiese am Teichrand lasse ich einfach im Frühling in einem breiten Band stehen. Das sieht wunderschön aus. Ich musste sie gar nicht erst pflanzen, sie

siedelten sich von alleine an. Sie werden umschwärmt von Aurorafaltern, die ihre Eier am Wiesenschaumkraut festkleben.

Der Admiral legt seine Eier an der Brennnessel ab, genau so wie der hübsche C-Falter und der Kleine Fuchs.

Der Distelfalter hat an meinem Weiher gleich die Wilde Karde entdeckt, und der Schwalbenschwanz mag es würzig für seine Jungen. Er sucht sich Wiesenkümmel, Wilde Möhre oder die Kleine Bibernelle für seine Nachkommen. Taubenschwänzchen haben mein Labkraut auserkoren.

Je bunter der Teichrand, umso besser. Dann begegnet einem auch mal ein Bläuling oder ein Blutströpfchen.

Im Juni wird das Blumenband einmal mit der Sense gemäht und die Kräuter treiben wieder aus. Die Raupen mögen auch mal frisches Grünzeug.

Eines ist klar. Solange man sich nicht um die Nahrung der Schmetterlingsraupen kümmert, werden die hübschen Schmetterlinge nur Zufallsgäste bleiben und besuchen den Garten nur auf einen kleinen Abstecher.

oben links Der schmalblättrige Rohrkolben wird 1,50 Meter hoch. Seine Samen hat der Wind einige hundert Meter an meinen Weiher getragen.

oben rechts Der Springfrosch ist selten geworden. Die Weibchen legen ihre Eier zehn Zentimeter unter der Wasseroberfläche an Binsen oder Rohrkolben ab. Die besten Laichplätze sind Tümpel in voller Sonne nahe an einem Wald.

unten So ein Naturteich ist ein Paradies für heimische Pflanzen und Tiere. Bis zum Herbst ist ein Teil des Weihers zugewachsen. Im zeitigen Frühjahr muss kräftig ausgeräumt werden.

Lebensraum im Sommer und Winter, die Benjes-Hecke

Gehölze und Überwinterungsquartiere, auch hier lass ich mich ganz und gar auf die Wünsche und Vorlieben meiner geflügelten Gäste ein. Oder besser gesagt, ich richte ihre Kinderstube ein.

Gehölze pflanzen – individuell für jeden Schmetterling

Das geschieht völlig unspektakulär. Zu den wichtigen Gehölzen zählen hier die Korb-Weiden. Die kaufe ich erst gar nicht. Ein Nachbar besitzt so eine Weide und schneidet mir lange Stecklinge. Ich stecke sie einfach in die nasse Wiese und schon wachsen sie. Mit diesen Weiden locke ich das Abendpfauenauge an. Der Kleine Fuchs liebt die Vogelkirsche. Für den C-Falter pflanze ich Haselnüsse *(Corylus avellana)*. Der Ligusterschwärmer mag neben dem Liguster *(Ligustrum vulgare)* auch Esche *(Fraxinus exelsior)* und Schneeball *(Viburnum opulus)*.

Meine Zitronenfalter freuen sich über den Faulbaum *(Rhamnus frangula)* und einen Gewöhnlichen Kreuzdorn *(Rhamnus cathartica)*. Auf dem Speisezettel stehen noch Schlehe *(Prunus spinosa)*, Sal-Weide *(Salix caprea)* und Traubenkirsche *(Prunus padus)*. Eigentlich reicht das schon für eine Schmetterlingshecke und die Pflanzen kommen in die Erde an der Grundstücksgrenze.

In 15 Jahren ist die Hecke hoch und dicht und kann nach Bedarf gestutzt werden – ich schneide einzelne Abschnitte alle fünf Jahre bis auf einen Meter zurück und entferne dabei auch das Totholz.

Winterquartier für nützliche Helfer – Schnittgut praktisch anlegen

Aber brauche ich nicht noch ein Winterquartier für Insekten, Amphibien, Igel und einige Schmetterlinge? Das kann man mit einer „Benjes-Hecke", nach dem gleichnamigen Hermann Benjes, alles auf einen Streich erledigen.

Dafür wird, wie bei mir im Garten, zwischen jungen Gehölzen ein Wall aus Totholz aufgeschichtet. Anfallender Obstbaumschnitt, Heckenschnitt, alles, was in einem Garten so anfällt, kann verarbeitet werden, je mehr umso besser.

Dieses trockene Geäst schützt auch meine Jungpflanzen vor Wildverbiss. Rehe meiden Knackgeräusche, heißt es, und das trockene Holz knackt ganz ordentlich, wenn ein Reh dort draufsteigen will. Das schreckhafte Reh kommt nicht mehr in den Garten – und bei mir an die Jungpflanzen.

Vögel, die in der Nähe Früchte gefressen haben, halten hier gerne ihr Verdauungsschläfchen. So gelangt der Samen dieser Wildfrüchte in die Hecke und sie wird von Jahr zu Jahr dichter. In dem Gestrüpp finden viele Tiere ihr Winterquartier, Mikroorganismen, Käfer und Wurmer verwandeln das Totholz zu wertvollem Humus. Wenn im Herbst das Laub von den Bäumen fällt, schlägt der Igel sein Winterquartier auf. Denn hier kann er sich vor dem Winter noch einmal richtig satt futtern.

Im Schutz des Holzes überwintern zum Teil auch meine geflügelten Freunde, die einen als Schmetterling und andere als Puppen. Kommt dann der Frühling, ist gleich wieder der Tisch für alle reich gedeckt.

HÄUSCHEN AUS WEIDEN

Mein Weidenhaus habe ich aus einfachen Weidenruten im Frühling gezogen. Kaum ist der Boden offen, schneidet man lange Zweige von den alten Bäumen und steckt sie etwa 40 Zentimeter tief in die feuchte Erde. Aus den ruhenden Knospen, die im Boden verschwunden sind, entwickeln sich Wurzeln, wo früher Blätter gewachsen wären.

Ich wollte ursprünglich ein Weiden-Tipi bauen und habe dafür auch die oberen Rutenenden mit Stricken zusammengebunden. Nach einem Jahr wurden die Stricke jedoch morsch und die Weiden haben sich anders entschieden. Sie trieb es zur Sonne, immer geradeaus. Nun hab ich ein Weidenhaus. Die Ruten haben sich im Laufe der Jahre zu Baumstämmen entwickelt und das Blätterdach ist trotzdem zusammengewachsen und bietet den gewünschten Schatten.

Hasel
Corylus avellana

Wiesen-Knöterich
Polygonum bistorta

Sumpfdotterblume
Caltha palustris

Schönheiten für Mensch und Tier

Viele Blumen und Gehölze um meine Feuerstelle herum habe ich für die Schmetterlinge gepflanzt. Ich freue mich daran, weil ich hier diese herrlichen Tiere beobachten kann. Das bedeutet aber noch lange nicht, dass ich selbst keinen Nutzen von den Pflanzen hätte.

Brot am Stiel

Ich schneide zum Beispiel **Haselnussruten** *(Corylus avellana)*, um daran am Lagerfeuer „Brot am Stiel" zu grillen. Für ein ganz einfaches Rezept knetet man 650 g Mehl mit zwei Päckchen Trockenhefe, 1 TL Zucker, 3 TL Salz, 1 EL Brotgewürz, 4 EL Öl mit 350 ml warmem Wasser und lässt den Hefeteig nach Anleitung gehen. Den Teig wickelt man gut um die Stecken und hält sie ins Feuer, bis der Brotteig gar ist.

Sauerkraut von Bäumen

Sechs **Zitter-Pappeln**, *Populus tremula*, auch Espen genannt, stehen in einem Halbkreis um die Sitzecke. Ihre Blätter sitzen gegenständig am Zweig. Beim leisesten Windhauch bewegen sie sich, rascheln aneinander und scheinen zu zittern. Eine Redewendung sagt, man zittert wie Espenlaub. Mich persönlich beruhigt dieses leise Rauschen. Hier sitze ich gern und lese ein Buch.

Die jungen Blätter hat man im Mittelalter wie Sauerkraut eingesäuert. Man stampfte sie mit Salz ein und gab ein wenig Buttermilch darüber. Nach sechs Wochen war das Kraut vergoren. Roh genossen sind die Blätter zwar gesund, aber unangenehm bitter. Ich denke damals war man nicht so empfindlich, wenn es um Bitterstoffe ging.

Wasserdost
Eupatorium (vorne rechts)

WIESEN-KNÖTERICH-PIZZA

Mit 275 g Weizenschrot, 100 g Roggenmehl, 40 g Hefe, 1 TL Zucker, einer Prise Salz und 50 ml Öl einen Hefeteig herstellen. Während der Gehzeit 1,3 kg junge Knöterichblätter waschen, grob hacken und in einer Pfanne mit etwas Speck anbraten. Dann 4 Eier mit 200 g zerbröseltem Ziegenkäse, 200 g Crème fraîche, 4 EL Öl und etwas Salz in einer Schüssel verrühren. Den vorbereiteten Teig ausrollen und auf ein gefettetes Backblech legen. Zuerst die Gemüsemasse, dann die Eiermischung auf dem Blech verteilen und mit Sonnenblumenkernen bestreuen. Die Pizza im vorgeheizten Backofen bei 200 °C etwa 25 bis 30 Minuten backen.

Für die Gesundheit

Eine **Reif-Weide**, *Salix daphnoides*, steht in der Schmetterlingshecke, damit ich bei Bedarf aus ihrer Rinde einen Tee kochen kann. Der schmeckt grausam und bitter, hilft aber gegen Schmerzen. Ein Esslöffel fein geschnittene Rinde wird mit einer Tasse kochendem Wasser überbrüht und nach fünf Minuten abgeseiht und getrunken. Diese Weidenrinde liefert das bekannte Schmerzmittel Salicylsäure, aus dem unser Aspirin hergestellt wird.

Fünf bis zehn Tropfen von meiner hausgemachten **Wasserdost-Tinktur** nehme ich dreimal im Abstand von einer Stunde ein, sobald ich spüre, dass eine Erkältung im Anmarsch ist. Das im Juli blühende Kraut von *Eupatorium cannabinum* fülle ich in ein Schraubglas, gieße Doppelkorn (zwei Tassen Korn und eine Tasse frisches Kraut) darauf und lasse den Ansatz vier Wochen stehen. Dann wird die Tinktur abgefiltert und steht zur Anwendung bereit.

Guter Ersatz für Kapern

Geschlossene Knospen der **Sumpfdotterblumen** lege ich ein, wie Kapern. Dafür überbrühe ich die frischen Knospen mit kochendem Wasser und lasse sie drei Stunden ziehen. Anschließend schütte ich das Wasser ab. Mit einem üblichen Gurkensud werden sie anschließend zehn Minuten gekocht. Damit würzt man beispielsweise Königsberger Klopse oder Russische Eier. Die Blätter der Sumpfdotterblume und ihre dicken Rhizome, mit denen sie sich ausbreitet, sind nicht essbar.

Aus vielen meiner Schmetterlingspflanzen lassen sich auch für den menschlichen Gaumen besondere Köstlichkeiten zubereiten.

Es sind die kleinen, kostbaren Pflanzen, die man
sich kaum zu berühren traut. Bei denen man aber stehen bleibt
und sich nicht satt sehen kann.

Alpinum

Von einer Pflanzengesellschaft konnte ich nur träumen.
Niemals würde sich ein Hungerblümchen oder eine Hauswurz in meine lehmige, nasse Wiese verirren. Gerade aber
diese wundersamen Wesen hatten es mir angetan – sie
erwecken selbst die ärmste, magerste Landschaft zum Leben.
Aber mein Garten war nicht arm. Dennoch wollte ich
beobachten, wie aus dem scheinbaren Nichts ein Blüten-
meer entsteht. Steine im Garten in praller Sonne würden
auch ganz anderen Tieren einen neuen Lebensraum bieten.
Es war die alpine Flora, die in meinem Garten völlig fehlte,
von Kuhschelle über Enzian, Mannsschild und vielen mehr.
Würden sie in meinem Garten eine neue Heimat finden,
könnte ich, so lange und so oft ich wollte, sie beobachten
und bewundern.

Dauerblüher umrahmt von Marmor

Vorbei am Tipi und dem Sitzplatz mit Zitter-Pappeln, konnte ich mir den sanften Berg hinauf in der Wiese mein künftiges Alpinum sehr gut vorstellen. Von Norden nach Süden sollte es sich erstrecken, immer in praller Sonne liegend.

Landschaft mit Struktur

Ich wählte eine ovale Form, um mehr Tiefe vorzutäuschen, insgesamt etwa 60 Quadratmeter. Ich wollte das Gelände

1   Alpinum

leicht modellieren und ihm mehr Struktur geben. Dafür besuchte ich einen Steinbruch in meiner Nähe und war nicht sehr überrascht. Die herausgesprengten Felsbrocken hatten genau die gleiche Farbe und Struktur wie einige Steine, die ich hier und da aus meinem Gartenboden ausgebuddelt hatte. Ich entschied mich also für diesen „Treuchtlinger Marmor". Es entfielen lange Anfahrtsstrecken und die Lieferung blieb bezahlbar. Schließlich handelte es sich um stattliche 46 Tonnen Geröll, die ich brauchte.

In meinen Plan zeichnete ich einen geschlungenen Pflegeweg ein. Der teilte das Alpinum in einen nördlichen und südlichen Bereich. Für den Weg und zum Auffüllen zwischen den Felsen kam nur eine Vorabsiebung des gleichen Gesteins in Frage. Das waren die kleineren Steinchen, die nach der Sprengung anfielen und beim Sortieren der Gesteinsbrocken gleich durch ein Sieb rutschten.

Farbenspiel zu jeder Jahreszeit

Als Pflanzen wählte ich alpinen Flor, der nach Möglichkeit das ganze Jahr über für Blüten sorgt. Bei der Auswahl richtete ich mich nach dem System von Karl Foerster, der einen Steingarten mit sieben Jahreszeiten anlegte. Die Auswahl der Pflanzen passte ich dann allerdings an die vorherrschenden Bodenverhältnisse in meinem Garten an. Für das Pflanzmaterial ließ ich mir Saatgut schicken, denn ich wollte ja gerade die

Entwicklung, die Entstehung von Anfang an beobachten. Eine Ausnahme waren allerdings die schwachwüchsigen Gehölze. Die wenigen, die ich brauchte, wollte ich mir fertig kaufen. So könnte ich mich wenigstens gleich an den Gerüstbildnern erfreuen.

links Ein kleiner Trampelpfad, der als Pflegeweg dient, teilt das Alpinum in zwei Hälften. Er führt in einem leichten Bogen über eine Anhöhe. Das schmale Band der Anlage wirkt so viel breiter.

rechts oben Die längliche Ausrichtung streckt optisch das Alpinum. Man merkt es, wenn man direkt davorsteht.

rechts unten Durch die hügelige Struktur wirken die Bodendecker flächiger. Sie werden von höheren Stauden kaum verdeckt.

Stein für Stein

Am Anfang stand ich vor einer großen, abgesteckten Grasfläche. Fitnesstraining für drei Monate? Nein, dieses Mal nicht. Inzwischen war ich stolze Besitzerin eines Mini-Baggers, und einen Freund, dessen größte Leidenschaft es war, Bagger zu fahren, hatte ich auch, welch glückliche Fügung.

Steingartenanlage nach Maß
In zwei Tagen war die 50 Zentimeter tiefe Grube für das Alpinum ausgehoben. Um sie trocken zu halten, legte ich ein Drainagerohr in die Erde. Das Regenwasser konnte so immer gleich in den darunterliegenden Tümpel abfließen.

Mit den ersten Steinen fixierte ich das Drainagerohr so gut, dass es auch gleichzeitig geschützt war. Mit Bagger und elektrischer Schubkarre musste nun das Geröll nach meinen Vorstellungen eingearbeitet werden, im unteren Alpinum ziemlich flach, oberhalb des Weges höher aufgetürmt. Wichtig war es jedoch, die Steine nicht hochkant aufzustellen, sondern mehr oder weniger liegend. Es durfte nicht die Gefahr bestehen, dass sie eines Tages umfallen würden.

Es entstanden viele Hohlräume, die bald verschiedene Tiere erobern würden. Aus dem Steinbruch kamen auch etliche Lehmbrocken, die ich wie zufällig einarbeitete. Mit der Vorab-

siebung habe ich dann die größeren Gesteinslücken aufgefüllt. Das erhöhte die Standsicherheit der Steine. Humoser Boden kam allerdings nicht in diesen sehr mageren Bereich. Sollten doch die pflanzlichen Hungerkünstler zeigen, was in ihnen steckt.

Wie überall in meinem Garten ist auch hier die richtige Pflanzenwahl für den gegebenen Standort entscheidend. Sie dankt es über viele Jahre hinweg mit üppiger Blütenfülle.

KLEINKLIMA FÜR ALPINE BESONDERHEITEN

Um ein eigenes Alpinum im Garten anzulegen, muss man sich über eines immer im Klaren sein: Dixenhausen liegt auf einer Höhe von ca. 550 Metern über NN. Die Wildvorkommen der meisten meiner Alpenblumen findet man in den Zentralalpen auf einer Höhe von über 2.000 Metern. Die Lebensbedingungen sind bei mir im Garten daher ein Kompromiss. Die Berghänge liegen oft in den Wolken, die klimatischen Bedingungen sind völlig andere. Darum habe ich für einen Extremsommer Vorsorge getroffen und unter dem Gestein ein Leerrohr versteckt, mit einer Wasserleitung und einer Nebeldüse.

links Hier wurden 36 Tonnen Geröll verteilt. Der Transport von der Straße aus war nur mit meinem Bagger möglich. Kleine Steine habe ich mit einer elektrischen Schubkarre transportiert, um die Flurschäden in Grenzen zu halten. Das Modellieren ging nur von Hand. **rechts** Um eine höhere Stabilität der großen Gesteinsbrocken zu erhalten, füllte ich einige Zwischenräume mit zehn Tonnen Vorabsiebung auf. Im nächsten Jahr zogen die ersten Pflänzchen ein.

oben Stängelloser Enzian, Beifuß und Nelke füllen bald die Lücken zwischen den Steinen aus.

unten Das Hain-Veilchen *(Viola riviniana),* die Buntblättrige Gänsekresse, Steinbrech und *Arabis ferdinandi-coburgii* 'Variegata' füllen die kleinen Lücken zwischen den Steinen in kürzester Zeit aus.

Hungerkünstler aus eigener Anzucht

Die Pflanzen habe ich zum größten Teil in einem lehmig-sandigen Substrat vorgezogen, weil gerade die alpinen Winzlinge als Keimling in der Anlage oft kaum zu erkennen sind. Die erstarkten Pflänzchen kamen dann zusammen mit dem mageren Substrat in das vorbereitete Alpinum. Mittlerweile gibt es dort etwa 80 verschiedene Arten.

Später, bei einer meiner Gartenführungen, war ein Gast völlig verblüfft, dass meine Grasnelken so üppig blühten. Als ich erzählte, dass ich sie sogar selbst ausgesät hätte, wollte er es kaum glauben. Er habe seinen gekauften Nelken schließlich einen Platz in seiner schönsten, gedüngten Blumenrabatte gegeben und auch immer reichlich gegossen. Trotzdem seien sie nach wenigen Wochen eingegangen.

Anfängliche Pflege

In den ersten zwei Jahren ist regelmäßiges Jäten in solch einer Anlage sehr wichtig. Gerade unliebsame Wildkräuter oder auch Baumsämlinge schlingen ihre oft sehr langen Pfahlwurzeln schnell um die Steine herum. Sind sie erst gut entwickelt, lassen sich die Wildkräuter nur noch schwer aus den Steinen herausarbeiten. Einfaches Zupfen, wie aus einem Sandboden, funktioniert hier nicht. Die Wurzeln würden stecken bleiben und anschließend wieder austreiben. Darum müssen die Wurzeln unbedingt komplett entfernt werden. Dafür verwende ich ein sehr schmales Stecheisen, einen so genannten Distelstecher. Damit lockere ich vorsichtig die obere Gesteinsschicht und setze das Eisen wie einen Hebel an der Wurzel an. Mit etwas Übung geht das ganz gut. Haben sich nach zwei, drei Jahren die Staudenpolster gut entwickelt und ausgebreitet, ist es für anfliegende Samen schwerer, sich hier anzusiedeln. Der alljährliche Pflegeaufwand reduziert sich von Mal zu Mal. Gießen und Düngen ist hier fehl am Platz.

Wurzelunkräuter müssen komplett mit der Wurzel ausgestochen werden. Das geht mit einem Distelstecher recht gut.

GRASNELKEN SELBST ANSÄEN

Die Grasnelke, *Armeria maritima* 'Splendens', gehört zu den wenigen Sorten, die man aus Samen völlig unkompliziert ziehen kann. Ich säe sie im März unter einem Folientunnel in ein mageres Aussaatsubstrat. Am liebsten verwende ich Quickpotpaletten. Da habe ich kleine Einzeltöpfchen in einem Kasten und in jedes kommen nur zwei winzige Samenkörnchen. Ich streue also nicht das Saatgut aus, sondern mache mir gleich die Mühe, sie einzeln auszubringen. In den Einzeltöpfchen können meine Winzlinge so lange in Ruhe wachsen, bis ich sie auf ihren Platz im Alpinum pflanze. Ich spare mir das mühsame Pikieren. Ein Jahr später, ab Mai, sind sie bereits voll besetzt mit karminroten Blüten.

Pyrenäendistel
Eryngium bourgatii

Arktischer Enzian
Gentiana algida

Winterharter Feigenkaktus
Opuntia phaeacantha

Trockenkünstler im Farbwechsel

Über 2.000 Pflänzchen konnte ich von der Aussaat an beobachten und fast 80 Sorten bis zur Blüte verfolgen. Es ist ein ständiger Farbwechsel zu beobachten. Es blüht zuerst ganz kurz in bunten Pastellfarben. Dann erscheint Gelb, später Blau, dann Weiß und anschließend Rot. Zum Herbst blühen sie in allen Farben miteinander.

Der Start in Pastell

Die zierlichen Blüten der **Steinbrechgewächse**, *Saxifraga*, mit pastellfarbenen **Aubretien** und den **Gänsekressen**, mit ihren überladenen Polsterblüten, hinterlassen einen farbenfrohen Eindruck. Dazu gesellen sich zarte, kleinere Polster von verschiedenen **Mannsschildsorten**, *Androsace*, in Rosaweißtönen (Seite 94).

Die Verwandlung zu Gelb

Primeln und **Goldglöckchen** machen den Auftakt für den Steingarten in Gelb. **Berg-Steinkraut**, **Gemswurz**, erste **Schwertlilien** *(Iris)*, selbst die kleinen **Pantoffelblümchen** strahlen mit den vielen **Fetthennenarten** (Seite 95), **Mittagsblumen** und **Harbichtskraut** um die Wette gegen mehr und mehr Blaublütiges an.

Verschiedene Blautöne gesellen sich hinzu

Scutellaria baicalensis, das kräftig blaue **Helmkraut**, steht im Verdacht, eines der effektivsten Pflanzen gegen Krebs zu sein.

Die niedrige, Polster bildende, zartblaue *Veronica prostrata*, die gleich bis in den Hochsommer hinein ihre hübschen Blütenrispen zeigt, wird noch überflügelt von dem

Hauswurz, Weißer Mauerpfeffer
Sempervivum, Sedum album

Alpen-Iris
Iris chamaeiris

himmelsblauen, enzianblättrigen **Ehrenpreis**, der über alle hinweg strahlt. Zu seinen Füßen der **Arktische Enzian** *(Gentiana algida)*.

Nach und nach schieben die verschiedenen **Glockenblumen** ihre Knospen aus den Blattrosetten und werden bald ihre stahlblauen Blüten entfalten.

Die Farbe Weiß lässt nicht mehr lange auf sich warten

Zwischendrin entdecke ich mehr und mehr die Farbe Weiß. Mal sind es die kleinen **Hungerblümchen**, mal kleine, filigrane **Feder-Nelken**, weiße, winzige Storchschnabelblütchen, weiße **Schafgarbe** und sogar die **Binsenlilien** zeigen sich bereits in ihrer vollen Schönheit. Die Farben Gelb und Blau ziehen sich langsam zurück. Es wird Zeit, ihren verwelkten Flor zuürckzuschneiden, damit sich frische Triebe entwickeln können.

Alles verblasst neben dem Auftritt von Rot

Ein großartiger Farbwechsel steht an, Farben in allen erdenklichen Rottönen mit weißer Untermalung. Ob **Rosen-Waldmeister**, **Fingerkraut**, **Nelkenwurz**, **Grasnelken**, **Gebirgs-Nelke** und mittendrin zur Krönung der rote **Natternkopf**. Er überragt sie alle mit seinen dunkelroten hohen Blütenkerzen. Auch hier lohnt sich die Mühe, die verblühten Rispen zu schneiden. Schnell treibt er neue und blüht bis in den Herbst hinein. Die Fruchtstände sind ein hübscher Winterschmuck und Nahrung für die Vögel.

Wer glaubt, in Bärbels Garten gäbe es wenigstens mit dem Alpinum ein Gartenzimmer, in dem Kulinarisches nichts verloren hätte, der täuscht sich.

Igelsäulenkaktus
Echinocereus coccineus var. *paucispinus*

Zwerg-Kastanie
Aesculus monstrosum

Mannsschild
Androsace

Im sechsten Anlauf bunt

Im sechsten Anlauf blüht es nun wieder bunt durcheinander. Die große Gruppe der **Hauswurzgewächse** (Seite 93), **Mauerpfeffer** (Seite 93), **Stachelnüsschen**, **Edelweiß** und die vielen **Sonnenröschen**, an denen ich mich oft noch im November erfreuen kann, lassen im Hochsommer keine Trübsal aufkommen.

Die hübschen Schlusslichter

Es folgen die Disteln, Königskerzen, Johanniskraut, Wolfsmilch, Enziane, Flockenblumen und Astern sowie **Pyrenäendistel**, deren Blütenstände sich langsam von Grün in Blau verwandeln.

Intensivstes Kräuteraroma

An keinem anderen Ort dieses Gartens sind Kräuter so würzig, so aromatisch. **Majoran, Thymian, Bohnenkraut, Salbei** und **Olivenkraut** haben hier mehr ätherische Öle als sonst irgendwo. In dem mageren, warmen Boden, von der Sonne verwöhnt, von den Steinen sogar in der Nacht noch beheizt, entwickeln sie hier ein ganz besonders intensives Aroma.

Die **Hauswurz** sollte man nicht unterschätzen. Die dicken, fleischigen, kleinen Blättchen passen gut in den Salat. Hätte man statt der **Aloe Vera** die heimische, winterharte Hauswurz genauso intensiv beworben, würde jetzt niemand einen Gedanken an die Aloe verschwenden. Medizinisch betrachtet steht ihr die Hauswurz in nichts nach.

Aber Achtung, es kann bei beiden Pflanzen zu allergischen Reaktionen kommen.

Besondere Früchte zwischen den Steinen

Im Schutz eines größeren Felsens blühen regelmäßig ab Juni winterharte **Feigenkakteen** (Seite 92) und ein **Igelsäulenkaktus**. **Mandelbäumchen** und **Dreiblattzitrone**, die ich

Rötliche Fetthenne, Zier-Lauch
Sedum rubrum (vorne), *Allium*

Russische Zwerg-Mandel
Prunus tenella

erst vor Kurzem hier angesiedelt habe, setzen hoffentlich auch bald die ersten Früchte an. Die großen Gesteinsbrocken könnten ihnen vielleicht dabei helfen, reif zu werden. Sie spenden zusätzlich Wärme.

Auf jeden Fall ist mein Steingarten ein besonderer Gradmesser für die allgemeine Klimaerwärmung. Erst vor einem Jahr konnte ich beobachten, wie sich hier zum ersten Mal Schmetterlingsflieder in großer Zahl ausgesät und in diesem Jahr geblüht haben. Inzwischen musste ich sie verpflanzen. An so eine Selbstaussaat war vor 25 Jahren hier in Mittelfranken nicht zu denken.

Die **Rötliche Fetthenne** (*Sedum rubrum*) sitzt dick und fleischig zwischen den hellen Felsen und tut so, als sei sie, mit dem niedrigen **Zier-Lauch** verwachsen, recht glücklich. Die **Zwerg-Kastanie** (*Aesculus monstrosum*) stört das alles nicht, sie thront über dem Blumenmeer und imponiert mit ihrer unglaublichen Winzigkeit.

RAUCHMANDELN
Süße Mandeln werden mit kochendem Wasser überbrüht. Nach wenigen Minuten lassen sich die Schalen leicht von den Nüssen entfernen. Dann legt man die Mandeln über Nacht, mit der gleichen Menge Salz vermischt, in eine Schüssel. Dieses Salz muss am nächsten Tag grob abgerieben werden. Die Nüsse und das Salz breitet man auf Schalen oder Blechen getrennt aus und stellt sie in den Räucherschrank. Bei einer Temperatur von etwa 50 °C räuchert man etwa 2 bis 3 Stunden. Frisch geerntete Nüsse sind nach dieser Prozedur viel länger haltbar und schmecken vorzüglich. Auch das geräucherte Salz gibt Speisen eine besondere Note.

Von einer mageren Wiese mit Baumschätzen
und reichhaltigem Wildgemüse habe ich immer geträumt.

Magerwiese mit Wildrosen

Vor 24 Jahren reichte mir das Gras in meiner Wiese noch bis zum Bauchnabel. Am Rand blühten hohe Glockenblumen, Wiesen-Margeriten und Lichtnelken. Eigentlich träumte ich eher von einer Magerwiese, jener Grünfläche, die über ihre verfilzte, kurze Gründecke nicht hinauskam, wo Enziane und Knäuel-Glockenblumen, Schafgarbe und Karthäuser-Nelken zu Hause sind.

Träumen konnte ich, aber eine lehmige Wiese ist eine fette und wird in 100 Jahren keine Magerwiese. Wenn sie aber nie wieder gedüngt wird, kann sie trotzdem abmagern und das Gras wird den Kräutern mehr Raum lassen.

Ich wusste, dass viele Gewürze und sogar Gemüse ihren Ursprung in der Wiese hatten. Hier sollten sie wachsen, wie vor 1.000 Jahren. Mit der Zeit wurde mir klar, dass meine Lehmwiese die besseren Voraussetzungen bot als eine echte Magerwiese. Die Raritäten konnte ich besser im Alpinum unterbringen. Und mitten in dieser Wiese sollte ein kreisrunder Hain mich an meine Kindheit im Ruhrgebiet erinnern.

Der breite Gehölzstreifen um die Magerwiese herum ist zu
einem besonderen Gestaltungselement geworden. Immer langsamer wuchs
mit den Jahren das Gras und ließ Wildblumen besser gedeihen.

Baumkreise umgeben von Rosen und Blumen

Mit dem größten meiner Gartenräume stieß ich im Norden
an eine Grenze. Fast im rechten Winkel verlief im Osten der
andere Grenzschenkel, an dem ich mich Stück für Stück gegen
Norden heranarbeitete. Nicht weit vom Steingarten entfernt,
platzierte ich nun meinen Hain, im Innenkreis bestehend aus
sieben Schwarzerlen, der von zehn Ebereschen, vier Felsenbirnen und zwei Zier-Äpfeln umgeben ist.

Baumkreise mit Wildrosen

In meinem Garten sollte der Hain einen Durchmesser von
zehn Metern bekommen. Mit einer zusätzlichen Umpflanzung
mit Sträuchern würde er sich noch ausdehnen.

In einem noch größeren Radius zeichnete ich schwungvoll
eine leicht mehrfach gekrümmte Linie um diesen Baumkreis
herum. Diese Linie gab mir einen breiten Pflanzstreifen bis
zur Grundstücksgrenze vor. So hatte ich reichlich Raum für
weitere Gehölzraritäten. Gleichzeitig waren sie Wind- und
Lärmschutz – lief doch in östlicher Richtung, etwa zwei Kilo-
meter entfernt, die Autobahn von Nürnberg nach München
an meinem Garten vorbei. Die Gehölze wählte ich natürlich
nach Nützlichkeit aus – für mich und die Insekten, Vögel und
andere tierische Gartenhelfer.

Für die innere Randbepflanzung plante ich naturnahe
Rosenbüsche, Wildrosen in vielen Sorten. So hatte ich eine
optimale Heckenpflanzung. Sie war mindestens acht Meter
breit und in der Höhe mit Bäumen, Sträuchern und niedrigen
Büschen gestaffelt, der perfekte Schutz.

1, 2, 3	Pflanzstreifen aus Schwarznuss (1), Gleditschie (2), Zucker-Birke (3)
4	Innere Randbepflanzung mit Rosen
5	Schwarzerlenhain
6	Rosskastanie
7	Innerer Kreis aus Jungpflanzen (rechts unten nach oben: Eberesche, Blauschotenbaum, Maiglöckchen-strauch, Gold-Ulme; links alles Kornel-kirschen)

links oben Der innere Baumkreis wurde mit den Jahren eine stattliche, geschlossene Einheit, ein richtiger Hain.

links mitte Kriechender Günsel *(Ajuga reptans)* bildet in einer ungedüngten Wiese großflächige Bestände.

links unten Wiesen-Schaumkraut, *Cardamine pratensis* ein häufiger Blüher in der Magerwiese

rechts unten Magerwiese mit Baumraritäten und Wildrosen zwischen Hain und Grenzhecke.

Selbst angelegt – artenreiche Wiese mit Raritäten

Um das Erscheinungsbild einer bestehenden Wiese zu verändern, gibt es interessante Möglichkeiten.

„Abmagern" mit Langzeitwirkung

Um eine gedüngte, fette Lehmwiese einigermaßen abzumagern, reicht es nicht, auf Düngung zu verzichten. Die Wiese sollte alle zwei Wochen gemäht werden, um die vorhandenen Nährstoffe schnell zu verbrauchen. Es dauert ohnehin viele Jahre – bei mir waren es ungefähr 20. Mit der Zeit wächst das Gras tatsächlich langsamer und der Blütenflor ändert sich. War beispielsweise vor 24 Jahren meine Wiese im Frühjahr noch übersät mit goldgelbem Löwenzahn, sieht man ihn hier heute kaum noch, Löwenzahn bevorzugt nährstoffreiche Böden.

Sieben auf einen Streich – den Baumkreis anpflanzen

Mit Rücksicht auf den nassen Boden und den naturnahen Charakter dieses Raumes, wählte ich Gehölze, die besonders gut mit Wasser umgehen können. Aus einem nahe gelegenen Karpfenweiher holte ich mir daher wieder einen Strauß Schwarzerlensämlinge. Sieben Bäumchen pflanzte ich dann im Kreis mit zehn Meter Durchmesser für den Hain. Jedes meiner Mini-Pflänzchen markierte ich die ersten Jahre mit einem Stock, um sie beim Mähen besser erkennen zu können – ein Schwarzerlensämling ist beispielsweise etwa acht Zentimeter groß. Damit war die Basis für meinen Schwarzerlenhain gesetzt.

links Das Gehölzsaatgut wird in Kulturkisten ausgesät. Nach acht Wochen können die Sämlinge vereinzelt werden. Jeder bekommt einen eigenen Topf und wird gut angegossen, damit sich die Erde um die jungen Würzelchen legt.
rechts Nun können sich die Wurzeln von Eberesche, Ahorn und Zier-Quitte bis zur Auspflanzung nicht mehr gegenseitig Konkurrenz machen.

Grüne Grenze aus eigener Anzucht

Für die breite Randbepflanzung an der Grundstücksgrenze steckte ich zuerst etwa 2.000 Mischwaldsämlinge. Viele Raritäten (zum Beispiel Schwarznuss, verschiedene Ebereschen, Baum-Hasel, Gleditschie, Ahorn in verschiedenen Sorten) zog ich aus Samen separat in Töpfen vor. Auf diese Weise wurde die üppige Bepflanzung erschwinglich, und gewachsen ist sie dann von allein. Tatsächlich habe ich kein einziges Mal zwischen den Jungbäumen gehackt oder gejätet. Nur einmal im Sommer musste ich zwischen den Pflänzchen das meterhohe Gras sorgfältig entfernen. Es wäre sonst für die Wühlmäuse ein hervorragendes Winterquartier gewesen und ein schmackhaftes zugleich; denn sie lieben junge Baumwurzeln.

links Die Säulen-Nelkenkirsche (*Prunus serrulata* 'Amanogawa') mit starker Leuchtkraft steht am Ausgang von der Magerwiese und zeigt den Weg zum Essplatz.
rechts Der sinnliche Naturgarten… Um eine fette Wiese abzumagern muss sie anfangs alle zwei Wochen gemäht werden. So ändert sich Schritt für Schritt der Blütenflor.

GEHÖLZE SELBST ANZIEHEN

Gehölze aus Samen zu ziehen ist bei Fichten, Kiefern, Tannen, Birken und Ulmen ganz einfach. Man kann die Samen sammeln oder kaufen, trocken lagern und im Frühjahr aussäen.

Im Handel bekommt man Samen in trockenem Zustand, die man zuerst stratifizieren sollte. Stratifizieren bedeutet nur, eine feuchte Lagerung für den Zeitraum zwischen Samenernte und Aussaat. Die Aufbewahrung der Samen für mindestens sechs Wochen in einem Beutel mit feuchtem Sand, im Kühlschrank bei +4°C, ist völlig ausreichend. Im März sät man dann in ein mageres Substrat mit etwas Sand vermischt. Die Samen dürfen nicht faulen. Die jungen Pflänzchen werden etwa nach acht Wochen in eigene Töpfchen verpflanzt.

Zier-Apfel 'Golden Hornet'
Malus 'Golden Hornet'

Eberesche
Sorbus aucuparia

Kupfer-Felsenbirne
Amelanchier lamarckii

Pflanzenreichtum auf magerem Boden

Vielfältige Wildfrüchte

Der Schwarzerlenhain wuchs ziemlich schnell in der nassen Wiese heran. Den Baumkreis umgeben heute **Ebereschen**. Die leuchtenden, gesunden Früchte erscheinen ab September und sind roh eigentlich ungenießbar, denn sie sind ziemlich bitter und sauer. Aber mit ein paar Tricks mache ich die Früchte milder und stelle daraus ein leicht bitteres Konfekt her. In Kokosflocken gewendet, kann man nicht mehr widerstehen.

Zwischen den Ebereschen blühen im Frühling in überschäumender Pracht einige **Felsenbirnen**. Zwischen Juni und Juli reifen ihre kleinen Früchte, die im Geschmack und Aussehen ein wenig an Heidelbeeren erinnern. Ich esse die Felsenbirnen bereits, wenn sie rot sind und meist direkt vom Strauch. Das ist erfrischend und verpasst meinem Körper auf jedem Spaziergang durch den Garten nebenbei einen kleinen Vitaminschub. Der tut immer gut.

Die **Kornelkirschen** reifen nach und nach ab August. Erst die abgefallenen, weichen Früchte sind süß und schmecken sogar roh.

Einige **Zier-Äpfel** tragen im September kleine, gelbe Früchte. Man kann sie zu Gelee verarbeiten. An einem anderen Baum sind die Früchtchen sehr klein und dunkelviolett. Zwar sind alle Zier-Äpfel essbar, doch diese Winzlinge haben mich nicht vom Geschmack überzeugt. Ich denke, sie sind einfach zu klein. Die knallroten Blüten allerdings streue ich gern im Mai auf meinen Frühlingssalat.

Der breite Gehölzstreifen um die Magerwiese herum ist zu einem besonderen Gestaltungselement geworden. Ich liebe die

Kornelkirsche
Cornus mas

Winter-Linde
Tilia cordata

Wildkirschen, die mit ihren großen, fast schwarzen Früchten
gut getarnt mitten in diesem Streifen stehen. Sie sind aromatisch süß mit einem leichten Mandelaroma. Außerdem haben
sie nie Würmer, weil sie vor den Kulturkirschen blühen und
die Kirschfruchtfliegen noch nicht unterwegs sind.

Ist die Ernte einmal sehr groß ausgefallen, kommt ein
Teil der Kirschen ins Dörrhaus. Vorher muss ich jedoch alle
Früchte entsteinen. Die Trockenfrüchte nehmen sonst den
bitteren Geschmack ihrer Samen an. Das gilt auch für die
Zuchtkirschen, deren Aroma durch die Bitterstoffe verderben
würden.

Die Magerwiese beherbergt viele
Wildfrüchte, die reich an Aroma sind.

Hundsrose
Rosa canina

Stacheldraht-Rose
Rosa omeiensis fo. *pteracantha*

Carolina-Schneeglöckchenbaum
Halesia carolina

Besondere Wildrosen – Stacheldraht- und Hundsrose

Die Hagebutten der Wildrosen, zu denen die **Hundsrose** genauso gehört wie die kratzige **Stacheldraht-Rose** oder die kleine, blaue **Hecht-Rose**, sind außerordentlich reich an Vitaminen. Sie stehen bei mir in der prallen Sonne und bekommen dadurch ein herrliches Aroma. Wildrosen sind nicht zimperlich. Sie wachsen ohne Dünger und strotzen vor Gesundheit auch ohne Spritzmittel. Hübsch sind sie obendrein, wenn ich nur an das glänzende Laub der **Glanzrose** denke.

Besondere Pflänzchen – von Schneeglöckchenbaum bis Schwarznuss

Mit den Jahren entstanden in diesem Gehölzgürtel wieder kleinere Freiflächen, zum Teil durch Rodung. Mal pflanzte ich einen **Schneeglöckchenbaum**, ein buschiges Gehölz, das mich jedes Jahr im Mai mit seinen tausend weißen Glöckchen erfreut, mal einen **Blauschotenbaum**.

Eine besondere Baumgeschichte begann bereits vor 24 Jahren. So lange ist es her, als ich einen merkwürdig, harten, nussgroßen Samen fand und in die Erde steckte. Daraus wuchs die **Schwarznuss**, die inzwischen selbst in jedem Jahr pfirsichgroße Früchte trägt. Diese ernte ich bis Anfang Juli und stelle daraus ein sehr wertvolles Getränk her.

An den Wiesenrand pflanzte ich einen kleinen **Storchschnabel**, der frische Blättersaft wirkt blutstillend. So ist die Pflanze eine kleine Notfall-Apotheke für kleinere Verletzungen. Man zupft ein paar Blätter, zerreibt sie zwischen den Fingern und presst sie auf die Wunde.

Blüten, Blätter und Knospen als Salat

In diesem Raum wollte ich auch im Handumdrehen einmal einen Salat aus Wildpflanzen sammeln können. Die Basis für

Schwarznuss
Juglans nigra

Balkan-Storchschnabel
Geranium macrorrhizum 'Spessart'

Im Juli werden 12 grüne Schwarznüsse gepflückt und grob zerkleinert. Zusammen mit 800 g braunem Kandiszucker, 2 Flaschen Korn und 3 Flaschen Rotwein gibt man sie in ein Glasgefäß und verschließt es gut. Durch häufiges Schütteln des Gefäßes löst sich der Kandiszucker auf. Das dunkelbraune Getränk wird nach sechs Wochen abgefiltert.

meinen Salat ernte ich allerdings nicht aus der Wiese, sondern hoch oben von den Bäumen. Hier gibt es viele schmackhafte Blätter und Knospen. Ich lade Sie ein, auf einen kulinarischen Genuss, entdecken Sie selbst:

Mitte April pflücke ich die zarten Blätter der **Sommer-Linde**. Ist die Blattoberseite noch glatt, glänzend und etwas durchscheinend, sind sie bestens geeignet als Salatgrundlage. Die **Winter-Linde** ist zu dieser Zeit noch im Knospenstadium. Auch sie pflücke ich für meinen Salat zusammen mit den letzten süßen Ahornblüten. Nur wenige Triebe hängen so tief, dass ich sie erreichen kann.

Die würzigen Blätter der **Buche** stecken oft zu dem Zeitpunkt noch in ihren Knospen. Sie wären mir recht, denn sie sind würzig und leicht säuerlich, und man kann sie in größeren Mengen verwenden. Stattdessen zupfe ich junge **Birken-** und **Weißdornblättchen** sowie einige Blüten der **Traubenkirsche**.

Traubenkirsche
Prunus padus

Weißdorn
Crataegus

Die geschlossenen Blütchen des **Wiesen-Schaumrauts** zupfe ich noch. Sie enthalten Senföle und geben dem Salat eine pfeffrige Note. Zwiebelgewächse gibt es hier auch, ich schneide die feinen Schlote des Sibirischen Schnittlauchs. Im April sind sie noch zart genug. Ganz in der Nähe macht sich der **Kriechende Sellerie** breit. Seine Blätter sind winzig und bringen bis zum Herbst das typische Selleriearoma als Würze mit.

Am Rand der Wiese finde ich **Knoblauchsrauke**, die duftet nach dem, was ihr Name verrät. Die Triebspitzen der **Taubnessel** passen auch gut in meinen Salat.

Es fehlt die Säure des **Ampfers.** Vier bis fünf kleine Blättchen reichen aus.

Ich ernte noch einige **Primel- und Veilchenblüten** und die ersten **Kleeblüten**. Sie schmecken süß und sind außerdem sehr dekorativ. Das Auge isst schließlich mit.

Wenn der **Löwenzahn** blüht, sind mir die Blätter schon zu bitter. Von den Löwenzahnblüten zupfe ich lediglich die

kleinen, äußeren Blättchen ab. Von **Gänseblümchen** esse ich nur die geschlossenen Knospen. Die geöffneten Blüten werden bitter. Angenehm mild schmeckt im Frühling die **Gundelrebe**. Man sagt ihr nach, sie könnte die Selbstheilungskräfte enorm stärken. Also muss sie ebenfalls in den Salat.

Ein ganz außergewöhnliches Geschmackserlebnis grabe ich mir aus der Erde. Am Heckenrand haben sich südliche **Erd-Kastanien** ausgebreitet, ich habe sie hier auswildern lassen. Sie sind nicht viel größer als Erdnüsse und schmecken auch ähnlich. In einer Pfanne leicht angeröstet sind sie das i-Tüpfelchen auf „Bärbels Gartensalat". Man kann sie das ganze Jahr ernten, sofern der Boden offen ist.

Ist der Salat zu sauer, empfehle ich ein paar Tropfen Birken-Wasser, allerdings nur den Saft der echten **Zucker-Birke.** Er wird im Frühling geerntet, sobald kein Frost mehr herrscht und die Blattknospen deutlich anschwellen. Dann genügt es oftmals, einen kleinen Ast abzusägen und ein Gefäß dar-

Wiesen-Schaumkraut
Cardamine pratensis

Zucker-Birke
Betula lenta

unter zu hängen. Kleine Verletzungen am Baum trocknen und heilen von selbst. Bohrt man die Rinde an, um Saft zu nehmen, kann man leicht mit einem Stopfen (zum Beispiel Holzdübel) das Loch wieder verschließen. Man ist auf der sicheren Seite. Diese ausgefallene Birkenart steht im Ruf, etwas heikel zu sein. In meinem Garten fühlt sie sich jedoch sehr wohl. Auch –20 °C hat sie problemlos überstanden. Ihre Rinde ist ungewöhnlich dunkel, fast schwarz und blättert auch im Alter nicht ab. Die Blätter ähneln eher denen von Hainbuche oder auch Kirsche. Die Triebe sind sehr aromatisch und schmecken süß, etwas scharf mit Pfefferminzaroma.

Salat von den Bäumen – ein Geschmackserlebnis der besonderen Art. Wunderbare Blätter, Blüten und Knospen gibt es hierfür in diesem Gartenzimmer zu ernten.

LINDENBLATT-SALAT MIT WIESEN-SCHAUMKRAUT

Eine Portion junger, noch glänzender Lindenblätter zusammen mit etwas jungem Gemüse-Ampfer, kleinen Blättern der Rapunzel-Glockenblume waschen und in eine Schüssel geben. Dann eine Hand voll frisch gezupfter Blüten und Knospen des Wiesen-Schaumkrauts untermischen. Sie schmecken pfeffrig und scharf, wie Senf. Nun mit etwas zerkleinertem Sauerampfer, einer fein gehackten Zwiebel, Distelöl, Apfelsaft, Essig, Salz und Pfeffer eine Vinaigrette herstellen und unter den Salat mischen. Als hübsche, leckere Dekoration kann man blaue Blüten vom Kriechenden Günsel, oder einige rote Blüten des Zier-Apfels verwenden und natürlich Wiesen-Schaumkraut.

Im Garten wollte ich Arbeiten verrichten,
für die meine Küche immer zu klein war.

Freiluftküche mit Essplatz

Von zwei Räumen träumte ich noch. In meinem Hexenhäuschen gab es eine kleine Wohnküche. Dort spielte sich in
der Regel das häusliche Leben ab. Hier wurde gekocht und
die Gartenschätze weiterverarbeitet. Für mein Gartenleben
wünschte ich mir genau so einen Raum, nur viel größer.
Ich wollte einen Gartenraum, in dem ich all meine Ernte-
schätze verarbeiten konnte. Bis dahin trocknete ich große
Mengen Obst immer noch in meinem Heißluftherd.
Als „Do-it-your-self Frau" begann ich vor vielen Jahren mein
Brot selbst zu backen, längst träumte ich von einem mit
Holz befeuerten Steinofen. Da ich laut Plan langfristig sogar
mein eigenes Feuerholz produzieren wollte, wagte ich es
schließlich, den Traum von einem Essplatz zu verwirklichen,
das Leben in meinem Garten zu perfektionieren.

Gebäude und Strukturen in der Freiluftküche

Für mein vorletztes Gartenzimmer war automatisch eine fast kreisrunde Fläche übrig geblieben. Meine festen Küchengebäude ordnete ich auch hier wieder in einer runden Fläche an.

1	Tulpenbaum	5	Walnuss	9	Gold-Robinie
2	Backhaus	6	Grill	10	Hauptweg
3	Nashi	7	Linde	11	Laubengang
4	Dörrhaus	8	Sitzgruppe		

Die Küchengebäude

Neben dem Durchgang zum Formengarten plante ich das Backhäuschen. Gegenüber der Scheune war auch noch genügend Raum für ein kleines Trockenhaus, wobei ich darauf achtete, dass zwischen beiden eine breite Durchfahrt zum oberen Haupttor frei blieb.

Ich hatte noch einige Quadratmeter für den gemauerten Grill, der etwas größer werden sollte. Meine Idee war, eine Bank anzubauen. Ich könnte mir dann nach dem Grillen an den warmen Steinen den Rücken wärmen. Platz für eine Gartengarnitur blieb trotzdem. Das Dörr- oder Trockenhäuschen stellte ich daneben, mit einer zusätzlichen Kammer zum Räuchern.

Wände aus blühenden Sträuchern und Bäumen

Mit den Gebäuden war nun die Grundstruktur festgelegt. Es fehlten lediglich die „Zwischenwände" aus bunten, blühenden Sträuchern und hübschen Bäumen.

Einige Gehölze plante ich um Grill und Sitzgruppe herum. So erhielt ich eine kleine Nische mit einem Wind- und Sonnenschutz. Auch das Dörrhaus bekam natürlich eine grüne Hülle aus edlen Gewächsen.

Der Essplatz war durch einen Laubengang direkt mit dem Formengarten verbunden. So fand ich es passend, für diesen Übergang wieder Buchs einzusetzen.

links oben Ein schattiges Plätzchen unter einem Mispelbaum *(Mespilus germanica)*.
links unten Eine Trompetenwinde hat bereits das kleine Dörrhaus erobert. Man sieht die Darren in der geöffneten Tür. Die Räucherkammer ist durch die Winde verdeckt.
rechts Lebkuchenbaum, Japan-Ahorn, Japanischer Blumen-Hartriegel und Akelei. Diese mit Buchs eingerahmte Gehölzgruppe zeigt den Weg zum Formengarten.

Kleine Bauhilfen

Das Backhaus, die angrenzende Scheune und natürlich auch das Dörrhäuschen sorgen in diesem Gartenraum für ein besonderes Kleinklima. So ist es hier etwas windgeschützt und ein wenig wärmer, als auf einer der großen Wiesenflächen.

Offenes Häuschen zum Backen

Mein Backhaus wurde letztlich kein echtes, gemauertes Häuschen, so wie ich es mir einmal vorgestellt hatte, sondern nur

links In das Dörrhaus passen zum Beispiel fast 50 Kilogramm Apfelscheiben. Übrig bleiben dann nur noch etwa fünf Kilogramm Trockenobst.
rechts Nach drei bis vier Stunden werden die Früchte einmal gewendet. Dann kleben sie nicht so fest.

ein Raum mit Dach und einem Kamin, vorne offen. Ich hatte zufällig in einer Zeitung ein Inserat gelesen, worin jemand einen alten, eisernen Backofen anbot, kaum benutzt. Den kaufte ich mir, ließ ihn entrosten und stellte den Ofen unter das Dach. So wirkt das Gemäuer heute wie ein winzig kleines, schmuckes Haus.

Dörrhaus nach Maß

Die Entwicklung meines Dörrhäuschens war ganz simpel. Man kann so ein Häuschen genau nach seinen Körpermaßen bauen lassen! Zuerst überlegt man sich, wie groß eine Darre sein darf – ich streckte hierzu bequem meine Arme aus und tat, als wollte ich so ein Gitter halten. Und kam auf eine Breite von 98 Zentimetern und eine Tiefe von 69 Zentimetern. Ich nagelte neun Darren (Trockenroste 97 × 68 Zentimeter) zusammen. An einem Rahmen aus einfachen Dachlatten befestigte ich dafür verzinktes Lochblech. Ich probierte aus, wie hoch ich diese Darren in ein Dörrhaus bequem heben könnte und kam auf eine Höhe von 1,80 Meter. Folglich wurde mein Dörrhaus 1,90 Meter hoch und obenauf kam ein kleines Dach mit etwas Überstand. Ich wollte, falls es einmal im Regen benutzt wird, beim Einfüllen nicht nass werden.

Ich hatte die Absicht mit dem Holz aus meinem Garten zu feuern – dafür ist ein Schamotteofen notwendig. Lässt man ihn aus Steinen mauern, kann bei einer Gesamtbreite von zwei Metern durch eine Trennwand auch gleichzeitig noch eine Räucherkammer integriert werden.

Mit seinen Wünschen sollte man dann allerdings zu einem Ofenbauer und Maurer gehen, der solch ein Dörr- und Räucherhäuschen mit professioneller Hand in die Tat umsetzt – so

links Eine gemütliche Grillecke im Schatten eines Walnussbaumes

rechts Rechts im Backhaus steht der Backofen mit Anschluss an einen Kamin. Links ist Platz für Tisch- und Backutensilien.

habe auch ich es damals gemacht und erfreue mich bis heute an dem schmucken, kleinen Gebäude.

Wenn man mich fragt, was ich denn überhaupt räuchere, dann erwähne ich nur nebenbei, dass dort Fleisch und Fisch haltbar gemacht wird. In erster Linie räuchere ich hier ganz andere Leckereien, die Knabbereien für zwischendurch. Ich salze meine frisch geernteten Nüsse und gebe sie anschließend für drei Stunden in den Rauch. Genauso verfahre ich mit meinen getrockneten Tomaten und Paprika oder Käse und Eiern. Anschließend kann ich die feinsten Antipasti daraus bereiten. Aus den geräucherten Paprikaschoten kann man mit einer Mühle auch feines Gewürzpulver bereiten. Es passt zu vielen mediterranen Gerichten.

MEIN DÖRRHÄUSCHEN – KLEINE ANLEITUNG

Es hat folgende Außenmaße: 204 cm hoch, 190 cm breit, 90 cm tief, das Dach zusätzlich 120 cm hoch. Die Trockenkammer rechts hat die Innenmaße: 100 cm breit, 76 cm tief, 176 cm hoch. 50 cm Höhe am Boden entfallen für den Schamotteofen und 125 cm sind Trockenraum über dem Ofen. Die Ofenmaße sind: 50 cm Höhe, 50 cm Tiefe und 95 cm Breite. Die Feuertür befindet sich rechts am Dörrhaus am Boden. Der 4 m hohe Kamin ist hinten am Haus. Der Trockenraum wird nur mit einer Holztür und verschließbaren Öffnungsschlitzen versehen. Die Tür ist aufgesetzt und schließt nicht dicht. Oben an der hinteren Rückwand, hinter den Darren, ist zusätzlich eine kleine Öffnung für den Abzug der feuchten Luft. In der Räucherkammer steht ein Räucherschrank aus Stahl.

Apfelbeere
Aronia

Japanischer Blumen-Hartriegel
Cornus kousa

Gewürzstrauch
Calycantus

Besondere Gehölze – süß, würzig, duftend

Jedes Gebäude hüllte ich liebevoll mit besonderen Gehölzen ein. Der Erdaushub für die kleinen Gebäudefundamente brachte ein wenig Humus zutage, den ich gut bei der Gehölzpflanzung verwenden konnte.

Indische Birne

Neben dem Backhaus steht ein Baum voll beladen mit dicken, ockerfarbenen Früchten, so genannten Indischen Birnen, sie werden auch Kumoi oder **Nashi** genannt. Kinder lieben diese zuckersüßen Früchte.

Zufällig wird zum gleichen Zeitpunkt (Anfang September) eine mittelfrühe Apfelsorte ('Pfirsichroter Sommerapfel') reif. Die kann ich zusammen mit den Indischen Birnen zu Most verarbeiten. Der Nashi-Apfelsaft schmeckt herrlich süß. Außer-

dem lohnt es sich, diese Früchte auch einmal zu trocknen. Die süßen Trockenfrüchte sind für Kinder eine wunderbare Nascherei und zur Weihnachtszeit ein guter Ersatz für die Feigen im Früchtebrot.

Russische Apfelbeere

Das nächste Fruchtgehölz hat all das, was die Nashi nicht hat: Seine Früchte haben so viel Fruchtsäure, dass es einem den Mund zusammenzieht und die Farbe des Fruchtfleisches färbt wie rote Tinte. Die Rede ist von der *Aronia*, einer russischen **Apfelbeere**. Ihre fast schwarzen, matten, ovalen Früchte reifen ab Ende August. Die *Aronia* ist ein robuster, anspruchsloser, zwei bis drei Meter hoher Strauch mit einer hübschen, weißen Blüte im Mai. Ich habe immer einen kleinen Vorrat getrock-

Feuer-Mandel
Prunus tenella

Nashi
Pyrus pyrifolia

APFELBEERE – FARBE FÜR VEILCHEN-LIKÖR

In eine Flasche füllt man eine Hand voll weißen Kandiszucker, eine Bechertasse voll blauer Duft-Veilchen, 2 bis 3 Apfelbeeren und 1 Flasche Wodka. Die geschlossene Flasche ab und zu schütteln. Nach 6 Wochen ist der Likör fertig. Schon wenige Früchte geben jedem Getränk, auch Tee, Säure und eine kräftige, rotviolette Farbe.

neter Beeren. Zerstoße ich eine einzige Trockenfrucht und gebe sie in einen Liköransatz, einen Sirup oder in einen Tee, so bekommt das Getränk eine herrliche rote Farbe und ein wenig Säure inklusive.

Feuer-Mandeln

Neben dem Dörrhaus blühen im Mai die **Feuer-Mandeln** und etwas später ein **Gewürzstrauch**, der im Sommer einige Zweige opfern muss. Ich werfe sie ins Grillfeuer. Dort gibt ihr Rauch dem Fleisch ein köstliches Aroma. Einige **Blumen-Hartriegel**, diese edlen, langsam wachsenden Schönheiten, die für mehrere Wochen im Sommer mit ihren Scheinblüten mein Herz höherschlagen lassen, schmücken meinen Sitzplatz. Aus der Mitte der Scheinblüte, der winzigen, echten Blüte, entwickelt sich bei der Sorte 'Teutonia' sogar eine leckere, rote Frucht, die fast drei Zentimeter dick wird und im Geschmack ein wenig an Himbeeren erinnert.

Gold-Robinie
Robinia pseudoacatia 'Frisia'

Duft-Schneeball 'Chesapeake'
Viburnum carlesii

Japanischer Etagen-Schneeball
Viburnum plicatum 'Mariesii'

Duft- und Etagen-Schneebälle

Im Mai blüht ein immergrüner **Duft-Schneeball**, *Viburnum carlesii* 'Chesapeake', auf der einen Seite des Backhauses. Seine dunkelgrünen, glänzenden Blätter betonen das silbrige Laub einer Ölweide direkt daneben.

Ein **Etagen-Schneeball** steht im Schatten eines großen **Walnussbaumes**. Im Juni breitet er seine großen, weißen Blütenschirme aus und bringt den Schatten zum Leuchten. Wichtig ist bei allen Schneeballsorten, dass sie immer ausreichend mit Wasser versorgt werden. Dann können ihnen auch Fraßfeinde wenig anhaben.

Imposante Gold-Robinie

Über alle Bäume hinweg erhebt sich die große **Gold-Robinie**. Ihr zartes Maigrün ist schon aus der Ferne zu sehen. Dieses frische Frühlingsgrün behält sie bis zum Herbst. Erst dann färben sich ihre Blätter gelb. Die Robinie blüht von Mai bis Juni und verströmt einen süßen Duft. Die Blätter und Rinden dieses Baumes sind leider sehr giftig.

Meine japanischen Ahornsorten

Auf der leicht beschatteten Seite des Essplatzes, unter der Gold-Robinie, sind ganz besondere japanische Ahornsorten untergebracht: ein kleiner Gold-Ahorn *Acer shirasawanum* 'Aureum' mit leuchtend gelbgrünen Blättern, ein buntblättriger Fächer-Ahorn mit dem schönen Namen 'Butterfly', ein *Acer palmatum* 'Tsumagaki' dessen Blättchen alle eine feine, rote Umrandung haben, ein *A. palmatum* 'Atropurpureum' mit dunkelroten Blättern und ein *A. palmatum* 'Katsura', der im Austrieb gelbgrün ist und sich bis zu den Blattzipfeln orangerot färbt. Hier im lichten Schatten größerer Gehölze sind sie besonders vor austrocknenden Winden geschützt. Diese eleganten Baumzwerge harmonieren mit den niedrigen Buchshecken, die den Eingang zum Formengarten schmücken.

Walnuss
Juglans regia

NUSS-MUS

Spätestens am 24. Juni die noch grünen Walnüsse vom Baum pflücken, mit einer Nadel anstechen und eine Woche lang wässern. Dafür jeden Tag 1- bis 2-mal das Wasser wechseln. Die Nüsse werden gekocht, bis sie weich sind, wie Pflaumen. Anschließend gart man die doppelte Menge Birnenstücke in sehr wenig Holundersaft weich, mischt sie mit den Nüssen, würzt mit Nelkenpulver, Zitronenschale, Zucker und püriert alles.

Guter Pfefferersatz

Etwas im Halbschatten steht ein schlankes Gehölz mit gefiedertem Laub. Sein deutscher Name, **Szechuanpfeffer,** verrät gleich die Bedeutung – es handelt sich um den chinesischen Pfefferstrauch. Die roten Früchte schmecken aromatisch und pfeffrig. Getrocknet, scharf geröstet und gemahlen sind sie Bestandteil des chinesischen Fünf-Gewürze-Pulvers. In Indien werden die gerösteten Früchte zusammen mit Salz gemahlen. Diese Tischwürze nennt man dort „Gujrat". Die Blätter verwendet man wie Lorbeer und würzt damit verschiedene Suppen. Das Gehölz ist sehr anspruchslos und wächst auf kargem Boden. Sogar Halbschatten verträgt es. Im Vergleich zum echten Pfefferstrauch, ist dieser völlig winterhart.

Die Gold-Robinie ist das Wahrzeichen
des Gartens, sie erstrahlt über alle Bäume hinweg.

Ich wollte ein Freiluft-Klassenzimmer,
von dem aus man in aller Ruhe das Leben der Schmetterlinge,
Insekten, Vögel oder Igel beobachten kann.

Grünes Klassenzimmer mit Weiherhügel

Wie durch ein Schneckenhaus bewegte ich mich auf kreisenden Wegen gegen den Uhrzeigersinn, von außen langsam immer tiefer ins Innere des Gartens. Mein Paradies schien fast endlos zu sein. In meiner Vision wollte ich diese Spannung auch nicht aufheben.

Die übrig gebliebenen Freiflächen entlang dieses Weges, kamen den fehlenden Pflanzenraritäten zugute. Es gab viele, die ich noch nicht genügend berücksichtigt hatte.

Einmal noch bog ich links ab und sah in meinem Traum einen Platz mit einem kleinen Pavillon aus Holz mit Tischen und Bänken. Hier wollte ich mit Gartenfreunden sitzen und Erfahrungen austauschen, junge Menschen einladen und von meinen Erlebnissen mit Pflanzen berichten.

Ich wünschte mir einen artenreichen, pflegeleichten Traumgarten,
den ich mit allen Sinnen genießen könnte. In sämtlichen Räumen gibt
es daher Verweilplätze, Bänke und Tische.

Gartenfreude zwischen Bäumen und Sträuchern

Der breite Hauptweg begrenzte bereits auf ganzer Länge den
Gemüsegarten. Nach einer leicht geschwungenen S-Kurve war
der Weg zum südlichen Haupttor, dem späteren Eingang für
meine Gartengäste, erreicht. Von hier aus zeichnete ich einen
kleinen Weg, der nach links abbog, geradewegs zum Grünen
Klassenzimmer. Hier ist mittlerweile die Führung für meine
Gartengäste zu Ende, damit zum Abschluss noch ganz viel
Raum für Fragen ist. Wie in einem richtigen Klassenzimmer
eben.

Bunte Sommerblumen ...

Ein riesiger, heller Raum war also bei meiner Planung übrig
geblieben. Es war der freie Platz zwischen dem Schwarzerlenhain, dem großen Naturteich und dem breiten Hauptweg,
hinter dem der Obstgarten lag. Der Naturteich war auf der
Seite des Klassenzimmers noch nicht bepflanzt. Der Weiherhügel bestand hier noch aus blankem Lehm. Ich plante ihn
für diese Seite mit bunten Blumen zu bepflanzen, die einen
möglichst geringen Pflegeaufwand benötigten.

... und blühende Sträucher

Das Klassenzimmer selbst ist ein hölzerner Pavillon. Wenn
ich auch von meinem Pavillon aus wieder viele Schmetterlinge beobachten wollte, musste ich genau hier die passenden
Blütensträucher pflanzen, die ihnen den Nektar in großen
Mengen bereithielten. So langsam schien mein Gesamtkon-
zept aufzugehen.

1 Grünes Klassenzimmer

2 Trompetenbaum

3 Weiherhügel

4 Haupteingang

oben links Der Eingang zum Holzpavillon „Grünes Klassenzimmer" wird links flankiert von *Buddleja davidii* 'Lochinch' und rechts von *Buddleja davidii* 'Border Beauty'
oben rechts Ein Märzveilchenfalter holt sich Nektar an einem Schmetterlingsflieder
unten Ein Blick aus dem Pavillon auf den herbstlich blühenden Weiherhügel, vorbei
an einem jungen Trompetenbaum. Der ganze Raum ist etwa 400 Quadratmeter groß.

Pflegeleichtes Zimmer in Harmonie

Weiherhügel modellieren

Meine ersten Erfahrungen mit dem Ausgraben von Tümpeln hatte ich zwei Wochen lang im Schattengarten sammeln können. Den Aushub vom oberen Weiher im Gartenzimmer "Schmetterlingsgarten mit Tipi" verwendete ich nun zum Aufbau des Weiherhügels. Dieser Aushub enthielt einen kleinen Anteil an Humus. Mit der Maschine ließ ich ihn hügelartig um die untere Hälfte des Weihers verteilen. Diese Seite war die untere Hangseite. Mit der aufgeschütteten Erde konnte

ich das Gefälle in der Teichgrube ein wenig ausgleichen. Sonst sähe mein Weiher später immer halb leer aus. Ganz konnte ich das aber nie verhindern, denn ein Lehmtümpel ist nicht so dicht, wie einer, der mit Teichfolie ausgeschlagen wurde. Mit dem Spaten habe ich dann nur noch die Uferzone seicht angeböscht, damit dort die Tiere leichter zum Wasser gelangen und auch wieder hinauskönnen.

Pflanzung am Weiherhügel nach Farben und Formen

Um einen blühenden und obendrein auch noch pflegeleichten Weiherhügel zu erhalten, hätte ich sicher Jahre warten können. Weil ich aber eine schnelle, naturnahe Lösung

Die Farben am Weiherhügel sind harmonisch aufeinanderabgestimmt. Der naturnahe Wildcharakter wird verstärkt, wenn Stauden locker in die Wiese überhängen, ineinander übergehen und keine gestochene Graskante existiert. Man findet hier keinen Millimeter offenen Boden. Die Stauden sind dicht ineinander verwoben.

anstrebte, musste ich Pflanzen finden, die ohne Probleme auf einem blanken Lehmhaufen überleben können. Ich erwarb ein riesiges Sortiment standortgerechter Pflanzen mit unterschiedlichen Blühzeiten.

Für den Blühbeginn wählte ich die Komplementärfarben Blau mit Akelei und Sibirischer Iris, Gelb von Brandkraut, Taglilie, Wolfsmilch, Iris und pflanzte mit Storchenschnabel, Immortellen, Anemonen und Elfenraute ein wenig Weiß dazwischen.

MEINE BLUMEN AM WEIHERHÜGEL

1) Brandkraut *(Phlomis russeliana)* 2) Weißer Kerzen-Knöterich *(Bistorta amplexicaulis 'Alba')* 3) Katzenminze *(Nepeta × faassenii 'Walkers Low')* 4) Stauden-Sonnenblume *(Helianthus microcephalus 'Lemon Queen')* 5) Wasserdost *(Eupatorium maculatum)* 6) Alant *(Inula helenium)* 7) Kardendistel *(Morina longifolia)* 8) Rainfarn *(Tanacetum vulgare)* 9) Becherpflanze *(Silphium perfoliatum)* 10) Roter Kerzen-Knöterich *(Bistorta amplexicaulis 'Firetail')* 11) Storchschnabel *(Geranium clarkei 'Kashmir White')* 12) Gold-Wolfsmilch *(Euphorbia polychroma)* 13) Sibirische Schwertlilie *(Iris sibirica)* 14) Gelbe Sumpf-Schwertlilie *(Iris pseudacorus)* 15) Zitronengelbe Taglilie *(Hemerocallis citrina)* 16) Sonnenbraut *(Helenium)* 17) Storchschnabel *(Geranium-Hybride 'Rozanne')* 18) Mazedonische Witwenblume *(Knautia macedonica)* 19) Silberimmortelle *(Anaphalis margeritacea)* 20) *Aster sedifolius* 21) Teufelsabbiss *(Succisella pratensis)* 22) Akelei *(Aquilegia vulgaris)* 23) Japanische Herbst-Anemone *(Anemone hupehensis)* 24) Frühlings-Anemone/Strahlen-Anemone *(Anemone blanda 'White Splendour')* 25) Goldregen *(Laburnum)* 26) Schmetterlingsflieder *(Buddleja davidii)* 27) Spierstrauch *(Spirea japonica)* 28) Bärenklau 29) Sonnenhut *(Rudbeckia maxima)* 30) China-Schilf *(Miscanthus sinensis)* 31) Riesen-Segge *(Carex pendula)* 32) Goldleistengras *(Spartina pectinata)*

Bis zum Herbst sollte das Blau zu einem zarten Violett verschwimmen mit Katzenminze und Sommerflieder, über das lichte Blau des Bärenklau, Teufelsabbiss und *Geranium* 'Rozanne', zu Lila bis Weinrot. Dafür nahm ich Astern, Knöterich, Knautien und Dost. Für das Gelb setzte ich Becherpflanze, Rainfarn, *Rudbeckia maxima* und Alant.

In einer Schlechtwetterphase, der Lehm war nass und weich, kamen nun endlich die Stauden direkt in den Lehm.

KLEINE GARTENKUNSTWERKE

In meinem Garten rede ich immer von Zimmern. Es sind meine Sommerzimmer. Schließlich halte ich mich hier vom Frühling bis zum Herbst häufiger auf als in meinem Haus. Darum habe ich auch das Bedürfnis, hier und da ein kleines Kunstwerk aufzustellen oder eine kleine Dekoration, einen Hingucker.

Man kann mit diesen Gegenständen ganz geschickt den Blick auf etwas zunächst Unscheinbares lenken, in eine Richtung, in die es sich aber lohnt hinzuschauen. Das Ziel kann auch ein ganz anderes sein. Man zieht den Blick weg von Unschönem, hin zu der Dekoration. In jedem Fall gibt der Gartenbesitzer hier etwas von seiner Persönlichkeit preis. Ich selbst habe am Anfang in meiner kleinen Töpferei Amphibien getöpfert, weil ich diese Tiere mag und in meinem Garten vermisst habe. Sie wurden sicherlich nicht perfekt, sondern nur stilisiert. Einige schienen mich manchmal frech anzugrinsen. Ich hatte jedenfalls meine Freude daran und würde heute jedem empfehlen, es selbst zu versuchen.

Zuerst die hohen, wie Wasserdost, Knöterich und Stauden-Sonnenblumen. Mir schien es unglaublich. Eine Weile zweifelte ich, ob jemals hier ein Pflänzchen zur Blüte kommen würde, bei einem so geringen Humusanteil.

Beim Einpflanzen der Stauden achtete ich nicht mehr auf Farben oder Höhen. Ich pflanzte ziemlich durcheinander. Nur die ganz niedrigen setzte ich an den Rand. Die Stauden wuchsen schnell zu dichten Polstern zusammen. Das Gesamtbild gefiel mir gut. Es wurde lebendig und natürlich.

Inzwischen blüht auch niemals nur ein Pflänzchen, es blüht der gesamte Weiherhügel vom Spätfrühling bis zum Herbst. Heute ist kaum mehr Platz für unliebsamen Wildwuchs. Ein wenig wandelt sich das Bild im Laufe der Zeit. Schwächere Pflanzen weichen den stärkeren. Und es zeigt sich, welche genau für diesen Standort geschaffen sind.

Mit wenig Pflege Blütenzauber das ganze Jahr

Meine gesamte Pflegearbeit beschränkt sich inzwischen auf eine Großaktion im Winter. Der ideale Zeitpunkt ist ein Tag, an dem der Boden hart gefroren ist und trotzdem so gut wie kein Schnee liegt. Mal ist das im Januar, mal im Februar oder Anfang März. Früher mit einer Sense bewaffnet, heute ist es ein motorisierter Freischneider, entferne ich die Pflanzenteile über dem Boden. Die Vögel haben bis dahin längst die Samen der Stauden verspeist.

Das grobe Schnittmaterial ist schnell abgeräumt und auf dem großen Waldkompost verstaut. Das feine Schnittgut bleibt zwischen den Stauden liegen, verbessert ein wenig die Bodenstruktur und gibt den Pflanzen eine kleine Portion Nährstoffe wieder zurück.

Ich hätte es nie für möglich gehalten, dass eine Staudenpflanzung mit einem jährlichen Pflegeaufwand von vier Minuten pro Quadratmeter auskommen kann. Die einzige

links Der Blick vom Klassenzimmer auf den Weiherhügel, dahinter sieht man noch die Spitze des Tipis vom Gartenzimmer Schmetterlingsgarten mit Tipi.
rechts Auf der Wiese zwischen Klassenzimmer und Weiherhügel steht ein entsprechend großer „Dreizack" mit beweglichem Oberteil. Von einer anderen Seite kommend, lenkt er den Blick auf den schönen Weiherhügel.

Voraussetzung ist die standortgerechte Pflanzenwahl und deren Harmonie untereinander.

Ein wenig mehr Zeit verwende ich auf die Blütensträucher in diesem Raum. Ganz besonders achte ich darauf, dass es bei den zahlreichen Sommerfliedern immer wieder zur Nachblüte kommt. Das erreiche ich, wenn ich regelmäßig die verwelkten Blütenrispen entferne. Es ist allerdings keine schweißtreibende Tätigkeit. Ich habe meist bei meinen Rundgängen durch den Garten eine Schere dabei, die im Vorbeigehen dann mal schnell zum Einsatz kommt. Die gleiche Maßnahme ist auch bei Goldregen erforderlich, seine Samen sind sehr giftig für den Menschen.

Bärenklau
Acanthus

Brandkraut
Phlomis russeliana

Kleine Pflanzenauswahl

Holunder in allen Variationen

Die Natur scheint ständig mit ihren Farben zu spielen. Mein Blick gleitet zu einigen **Holunder**büschen hinüber. Vielleicht wirkt es befremdlich, wenn ich das Laub dieser Gehölze beschreibe. Aber die Vielfalt ist erstaunlich groß. Ein Schwarzer Holunder hat tiefdunkles, rotbraunes Laub und heißt 'Black Beauty', er bringt die gewohnten schwarzen Früchte hervor. Nebenan eine Sorte mit weißen Früchten. Ganz anders die Sorten des Trauben-Holunders, ob hellgelbes oder grünes Laub, seine Früchte sind alle rot und müssen, wie beim Schwarzen Holunder, vor dem Verzehr erhitzt werden.

Eines haben die Holunder gemeinsam. Aus ihren Blüten und Früchten lassen sich wahre Köstlichkeiten zaubern, Süßspeisen, Suppen, Marmeladen und Säfte.

Mit dem Götterstrauch der Frau Holle ist allerdings der wertvollste gemeint, unser einfacher, heimischer Schwarzer Holunder.

Gelbe Blickfänger

Auf dem Weiherhügel leuchten im Mai auch die schwefelgelben Blüten des **Goldregens**. Dieses Gehölz wirft nur lockeren Schatten und gibt der Pflanzung noch mehr Struktur.

Als Hinterpflanzung habe ich hohe Stauden, wie zum Beispiel das **Brandkraut**, gewählt. Es ist eine Staude mit aufrechtem Wuchs und Anfang Juli blühenden, attraktiven, gelben Kugeln. Das Imposanteste sind ihre getrockneten Fruchtstände, die den ganzen Winter den Garten, aber auch das Haus schmücken können.

Goldregen
Laburnum

Schwarzer Holunder
Sambucus nigra

Schmückende Blütenstände – auch für die Vase

Nicht weit davon blüht ein **Bärenklau**. Mit seinen langen, hellvioletten Blütenständen ist auch er ein besonderer Schmuck für die Vase. Seine auffälligen fiederschnittigen Blätter dienten in der Antike als Vorlage für viele Verzierungen an korinthischen Säulen.

Vom Weiherhügel aus sehe ich nun auf gewaltige Blütenfontänen in Weiß, Lila, Flieder und Bordeaux. Diese Blütenpracht verdanke ich verschiedenen Sorten der sommergrünen **Schmetterlingsflieder** *Buddleja davidii*. Mit ihren aufrechten, duftenden Blütenrispen zieren sie dieses Gartenzimmer. Die Sorte 'Lochinch' mit ihrem silbrigem Laub wirkt hier besonders aufhellend. Der **Chinesische Sommerflieder**, *B. alternifolia*, ist sehr geschmeidig und zart. Er hat weit überhängende Zweige mit kleinen Blättchen und blüht ab Juli hellviolett. Zur gleichen Zeit, direkt daneben, ein weißer Schneeflockenstrauch. Welch ein herrlicher Anblick.

HAUTCREME MIT HOLUNDERBLÜTEN-WASSER

Hollerwasser wirkt leicht adstringierend und verfeinert die Haut. Dafür begießt man 6 EL Blüten mit 4 Tassen kochendem Wasser und lässt sie bedeckt über Nacht stehen. Blütenwasser filtern. Für die Creme 6 EL Mandel-Öl, 3 EL Lanolin mit 6 EL Hollerblüten im Wasserbad erhitzen und eine Stunde ziehen lassen. Anschließend abseihen und bei 70 °C unter Rühren tropfenweise 6 EL Hollerblütenwasser zugeben. Nach dem Abkühlen noch einmal umrühren und in ein verschließbares Gefäß füllen. Die Creme eignet sich für Mischhaut und normale Haut. Das übrige Blütenwasser in einer Flasche aufbewahren und eventuell sterilisieren.

Meine Pflanzen im Überblick

Die Pflanzen in meinen elf Gartenzimmern habe ich so ausgwählt, dass sie pflegeleicht sind. Bei einem Garten von 8.500 m² ist das sehr wichtig. Am richtigen Standort und in den richtigen Boden gesetzt, erfreuen sie in der Regel ohne großen Pflegeaufwand.

Kräuter

Botanischer Name / Deutscher Name	Blütenfarbe / Blütezeit	Standort	Wuchs	Pflege	Ernte	Verwendung	Zimmer / Seite
Borago officinalis Borretsch	blau / Juni bis September	sonnig bis halbschattig	40 bis 60 cm hoch, 35 bis 50 cm breit; aufrecht und schnell wachsend	pflegeleicht, einjährig, samt sich leicht aus	Blüten zur Blütezeit	in Eiswürfeln für Blüteneis, Blüten als Dekoration, Blätter und Blüten für Salat	Kräutergarten / 28
Ligusticum scoticum Schottischer Liebstöckel	weiß / Juli bis September	sonnig bis halbschattig	bis 60 cm hoch	regelmäßig gießen und düngen, winterhart	Blätter bis zum Frost	Blätter für Pesto, als Suppenwürze	Kräutergarten / 29
Melissa officinalis Zitronen-Melisse	weiß / Juni bis August	sonnig, warm, geschützt	50 bis 80 cm hoch, 30 bis 60 cm breit; aufrecht buschig wachsend	Pflanzen im Herbst zurück-schneiden	junge Blätter vor der Blüte	für Tee, Kräuterlimonade, Likör, Salat	Kräutergarten / 31
Mentha spicata var. *crispa* Marokkanische Minze	weiß / Juli bis September	sonnig bis halbschattig	50 cm hoch, über 30 cm breit; aufrecht bis breit wachsend	pflegeleicht	junge Triebe vor der Blüte	Likör, Tee, orientalisches Gewürz	Kräutergarten / 29
Monarda didyma Indianernessel	rot / Juni bis Oktober	sonnig bis halbschattig	70 bis 90 cm hoch, 50 bis 60 cm breit; aufrecht buschig, bildet Horste	regelmäßig gießen und düngen, im Herbst zurückschneiden, alle 3 bis 4 Jahre verpflanzen, frosthart	frische Blätter ab Juni, Blüten zur Blütezeit	Tee, Kräuterlimonade, Blüten für Salat	Kräutergarten / 29
Myrrhis odorata Süßdolde	weißlich / Ende Mai bis Juli	halbschattig bis schattig	bis 1,50 m hoch; winterhart	pflegeleicht	Samen und Blätter	junge Samen roh, reife Samen getrocknet als Back-würze, junge Blätter für Fruchtsalat	Schattengarten / 73
Origanum vulgare 'Goldtaler' Gold-Oregano	weißlich / Ende Juni bis Juli	sonnig	30 cm hoch; aufrecht buschig	regelmäßig beernten	April bis Frost	Kräutersalz, Kräutermischung „Kräuter der Provence", für Kornelkirsch-Oliven	Kräutergarten / 30
Pulmonaria officinalis Lungenkraut	rosa bis blauvio-lett / April bis Juni	halbschattig bis schattig	10 bis 30 cm hoch; winterhart	anspruchslos	Blätter mit Blüten	Tee bei Atemwegs-beschwerden	Schattengarten / 72
Rumex scutatus Römischer Schild-Sauerampfer	weiß, unschein-bar / ab Juli	sonnig bis halbschattig	15 cm hoch	anspruchslos, regelmäßig beernten	Blätter von April bis Frost	saure, knackige Blätter für Salat, Getränke oder als Zitronenersatz in Fisch-füllungen	Kräutergarten / 28
Salvia sclarea Muskateller-Salbei	hellviolett bis rosa, weiß / Juni bis Juli	sonnig	60 bis 150 cm hoch, 40 bis 70 cm breit; aufrecht, bildet Rosetten	einjährig, samt sich leicht aus	Blüten zur Blü-tezeit	in Eiswürfeln für Blüteneis, Kräutersalz	Kräutergarten / 30
Satureja spicigera Kriechendes Bohnenkraut	weiß / Juli	sonnig	bis 10 cm hoch	anspruchslos	Kraut den ganzen Sommer über	Kräutersalz, Kräutermischung „Kräuter der Provence",	Kräutergarten / 30
Thymus vulgaris Thymian	hellrosa bis purpurrosa / Juni bis September	sonnig	20 bis 30 cm hoch, 20 bis 40 cm breit; kompakt buschig wachsend	Staunässe meiden, eher trockener halten, regelmäßiger Rückschnitt ab dem 2. Standjahr	blühendes Kraut	Kräutersalz, Kräutermischung „Kräuter der Provence"; Thymian-Massageöl	Kräutergarten / 30

Gemüse

Botanischer Name / Deutscher Name	Wuchs / Pflanzabstand	Pflege	Ernte	Verwendung	Zimmer / Seite
Basella rubra Malabarspinat	im Freiland 1 m lange Triebe, im Gewächshaus bis zum 6 m	geschützter Standort, gleichmäßig mit Wasser und Nährstoffen versorgen	Blätter im August	Blätter und Stiele roh oder gedünstet	Gemüsegarten / 62
Beta vulgaris var. flavescens Stiel-Mangold 'Rainbow Chard'	wuchskräftig, im Pflanzabstand von 40 (Reihe) x 25 cm (Reihenabstand) pflanzen	ausreichende Wasserversorgung, niedriger Nährstoffbedarf (Kompost oder Beinwell)	Blätter ab Frühsommer bis in den Winter	dicke Stengel wie Spargel verarbeiten, die Blätter wie Spinat	Gemüsegarten / 61
Beta vulgaris var. vulgaris Gelbe Bete 'Burpee`s Golden'	Wurzelgemüse, im Pflanzabstand von 20 x 10 cm	ausreichende Wasserversorgung, niedriger Nährstoffbedarf (Kompost oder Beinwell)	Juli bis Oktober	Rohkostsalat, wie Rote Bete	Gemüsegarten / 58
Brassica oleracea ssp. oleracea Helgoländer Wildkohl	50 cm hoch, wüchsiges Staudengemüse, im Pflanzabstand von 40 x 30 cm	regelmäßige Wasser- und Kompostgaben	im 1. Jahr ab August, im 2. Jahr ganzjährig und bei alten Pflanzen ab März die jungen Triebe	Blätter schmoren, passt zu Geräuchertem	Gemüsegarten / 60
Brassica spec. Ewiger Kohl	80 cm hoch	im Winter den Strunk mit Erde oder Laub anhäufeln	Blätter ganzjährig beerntbar	Salat, größere Blätter mit Kräutern, Tomaten und Reis füllen	Gemüsegarten / 60
Brassica spec. Türkischer Blätterkohl	Pflanzabstand 20 x 10 cm	regelmäßig beernten	den ganzen Sommer die Blätter	aus den Samen Sprossengemüse auf der Fensterbank ziehen	Gemüsegarten / 60
Bunais orientalis Zackenschote	1,20 m hohes Staudengemüse, im Pflanzabstand von 40 cm von Reihe zu Reihe	anspruchslos	Blätter von Februar bis April, nach der Schneeschmelze, danach werden die Blätter bitter	Salat	Gemüsegarten / 63
Chenopodium folisoum Echter Erdbeerspinat	15 bis 50 cm hoch	auf humosen Boden achten	Blatternte ab Ende Mai, Früchte im Juli	Erdbeerspinat mit Speck	Gemüsegarten / 58
Chenopodium giganteum Baumspinat 'Magenta Spreen'	bis zu 2 m hoch	auf humosen Boden achten	Blätter bis zur Blüte im Juni	Blätter dünsten, als Grünmehl für Kartoffelsuppe	Gemüsegarten / 62
Crambe maritima Meerkohl	30 bis 75 cm hoch, 50 bis 60 cm breit; aufrecht buschig und kompakt, bildet Horste	junge Triebe bleichen (vor dem Austrieb dunklen Eimer über die Staude stülpen, bis diese 30 cm lang sind)	erst nach mehreren Jahren möglich	Frühlingsgemüse, Gratin mit gebleichtem Meerkohl	Gemüsegarten / 61
Cynara cardunculus Cardy	kräftig ausladene Pflanze mit dekorativer Blüte, bis 2 m hoch, im Pflanzabstand von 50 x 50 cm	im Winter zusammenbinden	im Jahr der Aussaat von August bis Oktober	dicke Blattstiele dünsten	Gemüsegarten / 58
Pisum sativum convar. axiphium Zucker-Erbse 'Blue Pod'	am Rankgerüst bis 2 m hoch	Kletterhilfe geben und anbinden	ab Juli	gedünstet als Gemüse	Gemüsegarten / 63
Pisum sativum convar. axiphium Zucker-Erbse 'Sweet Golden'	am Rankgerüst bis 2 m hoch	Kletterhilfe geben und anbinden	ab Juni	als Gemüse	Gemüsegarten / 63
Rhaphanus sativus var. mouqri Rattenschwanz-Rettich	große Büsche, bis 1,20 m hoch	festen Halt geben (schwere Samenstände)	Juni bis September	Rattenschwanz-Rettich mit Frischkäse-Dip, auch gedünstet	Gemüsegarten / 62
Rumex patienta Gemüse-Ampfer	bis 80 cm hoch, mit großen Blättern	regelmäßig und gut wässern, mulchen	Mai	als Salat, Lindenblatt-Salat, als Gemüse	Gemüsegarten / 59
Tragopogon porrifolius Haferwurzel	40 bis 70 cm hoch, schlanke Blätter und Wurzeln	keinen Humus geben	ab September Wurzeln	Blätter im Sommer, Wurzeln im Herbst gedünstet	Gemüsegarten / 59

Obst

Botanischer Name / Deutscher Name	Wuchs	Blütenfarbe / Blütezeit	Pflege	Ernte	Verwendung	Zimmer / Seite
Hippophae rhamnoides Sanddorn	3 bis 6 m hoch, 2 bis 3 m breit; unregelmäßig wachsender Großstrauch oder kleiner Baum, dornige Kurztriebe	gelbbraun / April bis Mai	anspruchslos, Bodenbearbeitung vermeiden, Flachwurzler, treibt sonst viele Wurzelausläufer	Anfang Oktober, volle Fruchttriebe abschneiden, einfrieren bei −20 °C, dann Früchte abschlagen	zu Saft, Likör oder Mus verarbeiten, Gelee, Konfitüren	Obstgarten / 50
Juglans regia Walnuss	15 bis 20 m hoch, 8 bis 15 m breit; langsam wachsender großer Baum mit ausladender und runder Krone, sehr malerisch im Alter	weißlich grün bis gelblich grün / Juni	nach dem Erziehungsschnitt meist keine weiteren Schnittmaßnahmen erforderlich, erst im Spätsommer ab August schneiden	für Nussmus und Likör bis 24. Juni, Nüsse ab Ende September	als Mus, Knabbereien, Kuchen, Öl, grüne Nüsse für Likör, Nussmus wie bei Schwarznuss	Freiluftküche / 117
Lonicera kamtschatica Maibeere 'Mailon'	1,20 m hoch, kleiner Strauch	weiß / März	anspruchslos	Beeren im Mai	Naschobst zum Frischverzehr, Konfitüren	Obstgarten / 49
Malus domestica Nikolaus-Apfel	2 bis 6 m hoch, 1,50 bis 8 m breit; spindelförmig bis breit ausladend	weiß bis zartrosa / Mai	Erziehungsschnitt, im Spätwinter Auslichtungsschnitt	Mitte Oktober, Genussreife zu Nikolaus	Speiseapfel, als Kuchen, Mus, Saft, Wein	Obstgarten / 48
Malus 'Golden Hornet' Zier-Apfel	4 m hoch; kleiner Baum	dunkelroa / Anfang Mai	anspruchslos	September	als Gelee, essbare Blüten, zur Dekoration	Magerwiese / 102
Mespilus germanica Echte Mispel	3 bis 5 m hoch; langsam wachsend, runde Krone, sehr malerisch im Alter mit gedrehten Ästen	weiß / Mai bis Juni	nach unten hängende Äste im Winter abschneiden	kann im Dezember geerntet und eingefroren werden	große, hagenbuttenförmige, bräunliche Früchte, schmecken im Januar / Februar nach Frosteinwirkung roh und als süßes Apfelmus	Formengarten / 19
Prunus domestica ssp. *insititia* Hafer-Schlehe	bis 4 m hoher Strauch; locker verzweigt	weiß / März	Rückschnitt im Winter	pflaumenähnliche Früchte Anfang September	zum Rohverzehr, Konfitüre, Gelee, Blätter für Tee	Obstgarten / 50
Prunus spinosa Schlehe	1 bis 3 m hoch, wächst strauchförmig, dicht buschig verzweigt, langsam, bildet Ausläufer	weiß / April bis Mai	anpassungsfähig	blau bereifte Früchte ab September bis November	Schlehen-Likör, Wein, Mehrfruchtgelee oder Konfitüre, Blätter im April für Tee	Herbstgarten / 41
Pyrus communis Birne	3 bis 10 m hoch, 1,50 bis 6 m breit; je nach Erziehung und Unterlage	weiß / April bis Mai	Erziehungsschnitt, im Spätwinter Auslichtungsschnitt	August bis Oktober	Frischobst, Nuss-Mus, Elsbeeren-Kompott	Obstgarten / 48
Pyrus pyrifolia Nashi	2 bis 3 m hoch, 1,50 bis 2 m breit; kegelförmig	weiß / April bis Mai	Erziehungsschnitt, im Spätwinter Ausdünnungsschnitt	Anfang September	Frischobst, Nashi-Apfelsaft, getrocknet, als Feigen Ersatz im Früchtebrot	Freiluftküche / 115
Rubus fruticosus Brombeere	1,50 bis 2 m hoch, 1,50 bis 3 m breit; strauchig aufrecht oder rankend	weiß bis zartrosa / Mai bis August	abgetragene Ruten nach der Ernte entfernen	Juli bis September	Wein, Konfitüre, Likör, Blätter im Mai trocknen für Waldblätter-Tee	Obstgarten / 48
Rubus phoenicolasius Japanische Weinbeere	1,50 bis 2 m hoch, 1,50 bis 2 m breit; strauchförmig	weiß / Mai bis Juni	abgetragene Ruten nach der Ernte entfernen	Juli bis August	Frischobst	Obstgarten / 51
Staphylea pinnata Pimpernuss	3 bis 5 m hoher Strauch, sortenabhängig	weiß bis rosa / April	robust	Oktober bis November	Knabbereien wie Pistazien	Obstgarten / 50

Gehölze

Botanischer Name / Deutscher Name	Standort	Wuchs	Blütenfarbe / Blütezeit	Pflege	Verwendung	Zimmer / Seite
Clerodendrum trichotomum var. *fargesii* Losbaum	sonnig	3 bis 4 m hoch, Großstrauch	weiß mit roten Kelchen / August bis Ende September	geschützten Standort geben	Blätter aus chinesischer Medizin bekannt, entzündungshemmend, Mittel gegen Bluthochdruck	Herbstgarten / 40
Acer platanoides Spitz-Ahorn	sonnig bis halbschattig	20 bis 30 m hoch, 15 bis 20 m breit, schnell wachsender Baum mit runder Krone, oft nur kurzer Stamm	gelblich grün bis zitronengelb, in Dolden / ab März vor dem Laubaustrieb	nach dem Laubfall bis Anfang Januar Schnitt möglich	frische Knospen im März für Lindenknospen-Salat	Formengarten / 18
Aesculus monstrosum Zwerg-Kastanie	sonnig bis halbschattig	1 m Höhe in 10 Jahren	weiß, rosa / Mai	pflegeleicht	kleiner Baum im Steingarten	Alpinum / 94
Amelanchier lamarckii Kupfer-Felsenbirne	sonnig bis halbschattig	4 bis 6 m hoch, mehrstämmiger Strauch oder kleiner Baum, langsam wachsend	cremeweiße Blütentrauben / April bis Mai	pflegeleichtes Wildobstgehölz	kleine, rote Früchte im Juni/Juli, zum Verzehr direkt vom Baum, für Konfitüren	Magerwiese / 102
Aronia Apfelbeere	sonnig bis halbschattig	2 bis 3 m hoher Strauch	weiß / Mai	anspruchslos, robust	Früchte ab Ende August, getrocknete Beeren für Likör, Sirup oder Tee, als rötliche Farbnote u.a. für Veilchen-Likör	Freiluftküche / 114
Betula lenta Zucker-Birke	sonnig bis halbschattig	25 m hoch	grüngelb, aufrechte Kätzchen / April	pflegeleicht	junge Blätter ab April für Salat, Pflanzensaft als Sirup oder Wein im März	Magerwiese / 107
Buxus sempervirens var. *arborescens* Buchsbaum	sonnig bis halbschattig	2 bis 4 m hoch und breit, dicht buschiger, breit aufrechter, Großstrauch oder Kleinbaum mit langsamem Wuchs	gelb / April bis Mai	ab Mitte Mai nach den Eisheiligen schneiden	Einzelpflanzung, Hecken, Schnittfiguren	Formengarten / 18
Calycantus Gewürzstrauch	sonnig bis halbschattig	1,50 bis 3 m hoch und bis 2 m breit, aufrecht bis breit buschig, langsam wachsend	dunkelrotbraun / Mai	Rückschnitt meiden	Triebe trocknen und zum Grillen auf die Kohle geben, zum Räuchern ins Mehl	Freiluftküche / 114
Cornus kousa Japanischer Blumen-Hartriegel	sonnig bis halbschattig	4 bis 6 m hoch, 3 bis 4 m breit, langsam wachsender, großer Strauch mit breiter Krone	auffällige cremeweiße Hochblätter, nach 5 bis 7 Jahren / ab Juni	Rückschnitt meiden	rote himbeerähnliche Frucht ab September bis Oktober, mit späten Himbeeren für Kompot oder Konfitüre	Freiluftküche / 114
Cornus mas Kornelkirsche	sonnig bis halbschattig	4 bis 7 m hoch, 3 bis 6 m breit, aufrechter bis rundlicher Großstrauch mit langsamem Wuchs	gelb in Dolden, nach 5 bis 6 Jahren / ab März vor dem Laubaustrieb	gut schnittverträglich, Vermehrung durch Stecklinge möglich	Früchte ab August zum Rohverzehr, wenn dunkelrote Früchte abfallen, für Kornelkirsch-Oliven bevor sie färben	Formengarten / 18
Crataegus Weißdorn	sonnig bis halbschattig	4 bis 6 m breit, ausladend	weiß / Ende April	pflegeleicht	junge Blätter für Salat, Blüten und Früchte getrocknet für herzstärkenden Tee	Magerwiese / 106
Halesia carolina Carolina-Schneeglöckchenbaum	sonnig bis halbschattig	3 m hoch, buschig	weiß / Mai	pflegeleicht	zierende Blüten	Magerwiese / 104
Juglans nigra Schwarznuss	sonnig	30 m hoch, 25 m breit	grüngelbe Kätzchen / Ende Mai	pflegeleicht	pfirsichgroße Früche bis Anfang Juli als Schwarznuss-Tinktur, Likör	Magerwiese / 105
Laburnum Goldregen	sonnig bis halbschattig	5 m hoch, 3 bis 4 m breit, Strauch oder kleiner Baum	schwefelgelb / Mai bis Juni	robust	sehr giftig, mit auffälligen Blüten sehr zierend in Einzelstellung	Grünes Klassenzimmer / 127
Liquidambar orientalis Amberbaum	sonnig	6 m hoch	gelbgrün / Mai	Rückschnitt meiden	Blutungssaft als Basis für Kaugummi und Weihrauch, schönes Herbstlaub	Herbstgarten / 40
Magnolia × *soulangiana* Tulpen-Magnolie	sonnig	4 bis 8 m hoch, ebenso breit, großer Strauch oder kleiner Baum, malerischer Wuchs	rosaweiß, tulpenähnlich / April	Frühjahrspflanzung empfehlenswert	sehr dekoratives Gehölz für Einzelstellung	Herbstgarten / 41
Prunus padus Traubenkirsche	sonnig	6 bis 10 m hoch, 4 bis 8 m breit	weiß, stark duftend / April bis Mai	vermehrt sich stark über Samen	kleine Früchte zum Verzehr (etwas bitter), frische Blüten für Salat	Magerwiese / 106

Gehölze

Botanischer Name / Deutscher Name	Standort	Wuchs	Blütenfarbe / Blütezeit	Pflege	Verwendung	Zimmer / Seite
Prunus serrulata 'Kanzan' Nelken-Kirsche	sonnig	8 bis 12 m hoch, 5 bis 8 m breit, großer Strauch oder kleiner Baum mit trichterförmigem Wuchs	dunkelpurpurrosa, später silberrosa, gefüllt in Büscheln / ab April	pflegeleicht	sehr dekorativ in Einzelpflanzung, auch für die Vase	Formengarten / 19
Prunus tenella Feuer-Mandel	sonnig bis halbschattig	60 bis 150 cm hoch und breit, aufrecht wachsender, wenig verzweigter Strauch, der Ausläufer treibt	rosarot, zahlreich / April bis Mai	pflegeleicht	als Rauchmandeln	Freiluftküche / 115
Prunus tenella Russische Zwerg-Mandel	sonnig	bis 80 cm hoch	rosa / April bis Mai	pflegeleicht	zierende Blüten	Alpinum / 95
Robinia pseudoacatia 'Frisia' Gold-Robinie	sonnig	10 m hoch	weiß, süßer Duft / Mai bis Juni	nur ausputzen	Blüten für Salat oder kandiert, in süßem Teig wie Hollunderküchle	Freiluftküche / 116
Robinia pseudoacatia 'Tortuosa' Korkenzieher-Scheinakazie	sonnig	10 bis 12 m hoch, 5 bis 8 m breit, korkenzieherartige Zweige, im Alter fast schirmförmige Krone	weiß, süßer Duft / Mai bis Juni	nur ausputzen	Blüten in süßem Teig ausbacken	Formengarten / 20
Rosa canina Hundsrose	sonnig bis halbschattig	bis 3 m hoch und breit, Wildrose mit ausladenen, überhängenden Trieben	rosa bis weiß, ungefüllt / Juni	wuchert	Hagebutten für Konfitüre, Wein, Likör, Tee, Dekoration	Magerwiese / 104
Rosa moyesii Mandarin Rose	sonnig bis halbschattig	3 bis 4,50 m hoch, 3,50 bis 6 m breit, locker aufrecht, mit leicht übergeneigten Grundtrieben	dunkelkarminrot bis weinrot / Juni	regelmäßiger Rückschnitt	Hagebutten für Konfitüre, Wein, Likör, Tee, Dekoration	Formengarten / 20
Rosa omeiensis fo. *pteracantha* Stacheldraht-Rose	sonnig	2 m hoher Strauch	weiß / Mitte Mai	regelmäßiger Rückschnitt	Hagebutten	Magerwiese / 104
Sambucus nigra Schwarzer Holunder	sonnig bis halbschattig	5 bis 7 m hoch, 2 bis 5 m breit, breit aufrecht und schnell wachsend, Großstrauch bis Kleinbaum	cremeweiß, Schirmrispen / ab Anfang Mai	alle 4 bis 5 Jahre ist ein kräftiger Rückschnitt empfehlenswert	Blüten, Früchte für Süßspeisen, Suppen, Konfitüren, Säfte, auch als Hautcreme, Früchte nicht roh verzehren	Grünes Klassenzimmer / 127
Sorbus aucuparia Eberesche	sonnig bis halbschattig	10 bis 12 m hoch, 4 bis 6 m breit, kleiner bis mittelhoher Baum, leicht überhängende Zweige im Alter	weiß / Mai bis Juni	keine Staunässe	Früchte sind ab September zwar roh ungenießbar, aber sehr lecker als Ebereschen-Konfekt	Magerwiese / 102
Sorbus torminalis Elsbeere	sonnig bis halbschattig	5 bis 20 m hoch, Strauch oder Baum	weiß / Mai	keine Staunässe	apfelartige Früchte im September für Elsbeeren-Kompott oder auch roh	Herbstgarten / 40
Tilia cordata Winter-Linde	sonnig	18 bis 25 m hoch, 10 bis 15 m breit, mittelstark wachsender Baum, breit kegelförmige Krone	gelblich in Trugdolden / Juni bis Juli	robust	Knospen ab Anfang März, Blätter im April als Salatbeigabe	Magerwiese / 103
Viburnum carlesii 'Chesapeake' Duft-Schneeball	sonnig	2 bis 3 m hoher Strauch	weiß bis rosa / Mai	robust	als duftender Vasenschmuck, dekorativ im Garten	Freiluftküche / 116
Viburnum opulus Gewöhnlicher Schneeball	sonnig bis halbschattig	3 bis 4 m hoch und breit, aufrechter, breit ausladener, unregelmäßig sparrig wachsender Großstrauch	reinweiß / Mai bis Juni	zu trockene Standorte meiden, dort starker Insektenbefall	dekorative Früchte im Winter (giftig)	Schattengarten / 72
Viburnum plicatum 'Mariesii' Japanischer Etagen-Schneeball	halbschattig bis schattig	3 m hoch, genauso breit, etagenförmig angeordnete Zweige	weiß / Mai bis Juni	pflegeleicht	dekorativ im Schatten	Freiluftküche / 116
Viburnum × bodnantense 'Dawn' Bodnant-Schneeball	sonnig bis halbschattig	3 m hoch, aufrechter Strauch	hellrosa / November bis April	pflegeleicht	duftender Winterblüher	Formengarten / 21

Stauden

Botanischer Name / Deutscher Name	Blütenfarbe / Blütezeit	Wuchs	Standort	Pflege	Verwendung	Zimmer / Seite
Arum maculatum Aronstab	gelbgrüner Kolben, weiße Spatha / ab März bis Mai	bis 60 cm hoch, 10 bis 20 cm breit	halbschattig	Substrat leicht feucht halten	giftig, roter, dekorativer Fruchtstand	Schattengarten / 70
Acanthus Bärenklau	hellviolett / Juni bis Juli	70 bis 100 cm hoch	sonnig	pflegeleicht	Vasenschmuck, Stauden-rabatte	Grünes Klassenzimmer / 126
Androsace Mannsschild	weiß, rosa / ab April	8 cm hoch	sonnig	anspruchslos	als niedrige Polster	Alpinum / 94
Aster dumosus Herbst-Aster	hellviolett / September bis Oktober	20 bis 40 cm hoch, 20 bis 30 cm breit	sonnig	regelmäßig mit Kompost düngen, im Herbst zurückschneiden	als Polsterstaude im vorderen Bereich in Rabatten	Herbstgarten / 38
Aster novae-angliae Raublatt-Astern	rosa, rot, rotviolett / September bis Oktober	1 bis 1,50 m hoch, 60 bis 150 cm breit	sonnig	regelmäßig mit Kompost düngen, im Herbst zurückschneiden, robust	als Polsterstaude in Beeten	Herbstgarten / 38
Aster novi-belgii Glattblatt-Aster	weiß, rosa, rot, blau, vio-lett / August bis Oktober	1 bis 1,50 m hoch, 70 bis 90 cm breit	volle Sonne, lehmig	regelmäßig mit Kompost düngen, im Herbst zurückschneiden	gut mit Gräsern kombi-nierbar	Herbstgarten / 39
Aster sedifolius 'Nanus' Niedrige Ödland-Aster	zartlila / September bis Oktober	60 cm hoch	volle Sonne, lehmig	mit Kompost düngen	mit Gräsern auflockern, besondere Struktur, schön als Randpflanze	Herbstgarten / 38
Caltha palustris Sumpfdotterblume	goldgelb / April bis Juni	30 bis 40 cm hoch, 30 bis 40 cm breit; niederliegend bis flach wachsend	sonnig bis halbschattig	pflegeleicht	einlegen wie Kapern	Schmetterlingsgarten / 82
Eryngium bourgatii Pyrenäendistel	bläulich / Anfang August	40 cm hoch	sonnig	im Winter zurückschneiden	Trockengestecke, Winter-schmuck	Alpinum / 92
Eupatorium Wasserdost	dunkelrot / Ende Juli	1,50 bis 2,50 m hoch	sonnig, halbschattig	anspruchslos	Tee und Tinktur bei Erkältung	Schmetterlingsgarten / 83
Gentiana algida Arktischer Enzian	weiß mit Rot / Ende April	10 cm hoch	sonnig	anspruchslos	als Zierde mit attraktiven Blüten	Alpinum / 92
Geranium macrorrhizum 'Spessart' Balkan-Storchschnabel	weiß bis rosa / Mai	40 cm hoch	sonnig, halbschattig	anspruchslos	Blütensaft blutstillend	Magerwiese / 105
Hepatica nobilis Leberblümchen	zartrosa, himmelblau / März bis April	10 bis 15 cm hoch, 15 bis 20 cm breit; kompakt wachsend, bildet Horste	halbschattig	regelmäßig gießen	Blätter gegen Leber- und Gallebeschwerden	Schattengarten / 72
Phlomis russeliana Brandkraut	gelb / Juni bis Juli	80 bis 120 cm hoch; starkwüchsig aufrecht	sonnig bis halbschattig	pflegeleicht	begrünt schnell große Flächen	Grünes Klassenzimmer / 126
Polygonum bistorta Wiesen-Knöterich	rosa / Juni	30 cm hoch; niedrige Polster	sonnig	pflegeleicht	Blätter zum Kochen, Gemüse	Schmetterlingsgarten / 82
Sedum album Weißer Mauerpfeffer	weiß / Juni bis August	5 bis 10 cm hoch; kriechend und Polster bildend	sonnig	pflegeleicht, auf trockenen Standort achten	gegen Schwellungen und Entzündungen	Alpinum / 93
Sedum rubrum Rötliche Fetthenne	weiß / Juni bis August	5 bis 10 cm hoch; kriechend und Polster bildend	sonnig	pflegeleicht, auf trockenen Standort achten	gegen Schwellungen und Entzündungen	Alpinum / 95
Sempervivum Hauswurz	weiß, rosa / ab Juli	kleine Rosetten	sonnig	pflegeleicht, auf trockenen Standort achten	kühlend, Juckreiz stillend	Alpinum / 93
Trillium kurabayashii Waldlilie	weiß, rosa, rot, braun, grün / April bis Mai	30 bis 45 cm hoch	schattig	pflegeleicht, auf feuchten Standort achten	als Solitärpflanze	Schattengarten / 73
Viola odorata Duft-Veilchen	purpurviolett bis dunkel-violett / März bis April	10 bis 20 cm hoch, 20 bis 30 cm breit; flach und kompakt wachsend	sonnig bis halbschattig	pflegeleicht, regelmäßig gießen	mit Eischnnee kandie-ren, Blüten für Salat	Schattengarten / 73

Sommerblumen / Zwiebelpflanzen

Botanischer Name / Deutscher Name	Blütenfarbe / Blütezeit	Wuchs	Standort	Pflege	Verwendung	Zimmer / Seite
Aquilegia caerulea Akelei	blau / Mai bis Juni	30 bis 60 cm hoch, aufrecht	sonnig bis halbschattig	pflegeleicht	hübsch zwischen Boden-deckern	Schattengarten / 70
Anemone blanda Strahlen-Anemone	weiß bis dunkelviolett / März bis April	10 bis 25 cm hoch, 30 bis 100 cm breit, schneller Bodendecker	sonnig bis halbschattig, vor und unter Gehölzen	pflegeleicht	begrünt schnell Flächen	Schattengarten / 70
Cardamine pratensis Wiesen-Schaumkraut	weißlich rosa / April	bis 30 cm hoch, zierlich	sonnig bis halbschattig	feuchter Standort, pflegeleicht	Lindenblatt-Salat mit Wiesen-Schaumkraut	Magerwiese / 107
Digitalis purpurea Roter Fingerhut	weiß, rosa, rot / Juni bis August	80 bis 150 cm hoch	sonnig bis halbschattig	vermehrt sich leicht durch Selbstaussaat	sehr giftig!	Schattengarten / 71
Iris chamaeiris Alpen-Iris	gelb, blau / April	10 cm hoch	sonnig	trockener Standort, anspruchslos	frühe, große Blüten	Alpinum / 93

Farne

Botanischer Name / Deutscher Name	Wuchs	Standort	Pflege	Verwendung	Zimmer / Seite
Asplenium scolopendrium Hirschzungenfarn	bis 40 cm hoch	sonnig, feucht	anspruchslos	für Schattenbeete	Schattengarten / 71
Adiantum pedatum Pfauenradfarn	bis 40 cm hoch	sonnig, feucht	anspruchslos	für Schattenbeete	Schattengarten / 71

Kakteen

Botanischer Name / Deutscher Name	Wuchs	Standort	Blütenfarbe / Blütezeit	Pflege	Verwendung	Zimmer / Seite
Opuntia phaeacantha Winterharter Feigenkaktus	40 cm hoch	sonnig, trocken	rosa / Juni	anspruchslos	Feigen, zierend im Steingarten	Alpinum / 92
Echinocereus coccineus var. *paucispinus* Igelsäulenkaktus	40 cm hoch, langsam wachsend	sonnig, trocken	gelb / Juli	anspruchslos	zierden im Steingarten	Alpinum / 94

Service

Bärbels Garten

Barbara Krasemann
Dixenhausen 23
9117 Thalmässing
OT Dixenhausen
Tel.: 0 91 73 / 7 88 86
Fax: 0 91 73 / 79 53 57
E-Mail: info@baerbels-garten.de

Zu Gast in „Bärbels Garten"
Botanische Exkursionen
Jährlich von Ende April bis Ende
Oktober
2009 feste Termine: bis 18. Oktober jeden ersten und dritten
Sonntag im Monat von 10 bis
12 Uhr und 14 bis 16 Uhr.
Führungen auch wochentags
für Gruppen nach telefonischer
Anfrage möglich.

Naturgemäßer Gartenbau

GÄA – Vereinigung ökologischer
Landbau e.V.
Landesverband Sachsen / Bundesgeschäftsstelle
Am Beutlerpark 2
01217 Dresden
Tel.: 03 51 / 4 01 23 89
Fax: 03 51 / 4 01 55 19
E-Mail: info@gaea.de
www.gaea.de

Permakultur-Institut e.V.
Informationsbüro
Witzfeldstraße 21
40667 Meerbusch
www.permakultur.de

Forschungsring für biologisch-
dynamische Wirtschaftsweise e.V.
Brandschneise 1
64295 Darmstadt
Tel.: 0 61 55 / 84 12-0
Fax: 0 61 55 / 84 69 11
E-Mail: info@forschungsring.de
www.forschungsring.de

Naturgarten e.V.
Kernerstraße 64
74076 Heilbronn
Tel.: 0 71 31 / 6 49 99 96
www.naturgarten.org

Permakultur Institut e.V.
Informationsbüro
Oberer Graben 3a
85354 Freising
Tel: 0 81 61 / 20 50 79
www.permakultur.de

Arbeitsgruppe Biogarten
Birnbaum
CH-3436 Zollbrück
Tel.: +41 (0) 34 / 4 96 71 48
Fax: +41 (0) 34 / 4 96 80 30

Bio-Forum Möschberg
Zentrum für organisch-biologischen Landbau
Mostereiweg 1
CH-4934 Madiswil
Tel.: +41 (0) 62 / 9 65 07 82
E-Mail: bio-forum@bluewin.ch

Bioterra (SGBL)
Dubsstraße 33
CH-8003 Zürich
Tel.: +41 (0)44 / 4 54 48 48
Fax: +41 (0)44 / 4 54 48 41
E-Mail: service@bioterra.ch
www.bioterra.ch

VNG – Verein für naturnahe
Garten- und Landschaftsgestaltung
Höhenstraße 19
CH-9320 Arbon
E-Mail: vng.gl@vng.ch
www.vng.ch

Erhaltung der Sortenvielfalt

Verein zur Erhaltung der Nutzpflanzenvielfalt (VEN) e.V.
Sandbachstraße 5
38162 Schandelah
Tel.: 0 53 06 / 14 02
Fax: 0 53 06 / 93 29 46
E-Mail: ven.nutz@gmx.de
www.nutzpflanzenvielfalt.de

Arche Noah
Obere Straße 40
A-3553 Schloß Schiltern
Tel.: +43 (0) 27 34 / 86 26
Fax: +43 (0) 27 34 / 86 27
www.arche-noah.at

Geschäftsstelle / Tiere und
Pflanzen
Stiftung Pro Specie Rara PSR
Pfrundweg 14
CH-5000 Aarau
E-Mail: info@psrara.org
www.psrara.org
Tel.: +41 / (0)62 832 08 20
Fax: +41 / (0)62 832 08 25

Vereinigung Fructus
Glärnischstraße 31
CH-8820 Wädenswil
Tel.: +41 (0) 44 / 7 80 43 78
E-Mail: fructus@bluewin.ch
www.fructus.ch

Alte Gemüsesorten

Zier- und Nutzpflanzenspezialitäten
Monika Gehlsen
Willi-Dolgner-Straße 17
06118 Halle an der Saale
Tel.: 03 45 / 5 22 64 23
www.monika-gehlsen.de

Dreschflegel
Postfach 1213
37202 Witzenhausen
www.dreschflegel-saatgut.de

Verein zur Erhaltung der Nutzpflanzenvielfalt (VEN) e.V.
Sandbachstraße 5
38162 Schandelah
Tel.: 0 53 06 / 14 02
Fax: 0 53 06 / 93 29 46
E-Mail: ven.nutz@gmx.de
www.nutzpflanzenvielfalt.de

Bio-Saatgut Ulla Grall
Eulengasse 3
55288 Armsheim
Tel.: 0 67 34 / 96 03 79
Fax: 0 67 34 / 96 00 14
E-Mail: Ulla.grall@bio-saatgut.de
www.bio-saatgut.de

Karl Hanne Samenparadies
Bisloher Hauptstraße 1
OT Bislohe
90765 Fürth
Tel.: 09 11 / 73 92 10
Fax.: 09 11 / 7 59 31 51

Privates Samenarchiv G. Bohl
Susanne Kunstmann
Oberfichtenmühle 2
91126 Rednitzhembach
Tel.: 0 91 22 / 7 56 84

Raritätengärtnerei Treml
Eckerstraße 32
93471 Arnbruck
Tel.: 0 99 45 / 90 51 00
Fax: 0 99 45 / 90 51 01
E-Mail: terml@pflanzentreml.de
www.pflanzentreml.de

Arche Noah
Obere Straße 40
A-3553 Schloß Schiltern
Tel.: +43 (0) 27 34 / 86 26
Fax: +43 (0) 27 34 / 86 27
www.arche-noah.at
info@arche-noah.at

Geschäftsstelle / Tiere und
Pflanzen
Stiftung Pro Specie Rara PSR
Pfrundweg 14
CH-5000 Aarau
E-Mail: info@psrara.org
E-Mail: info@prospecierara.ch
www.psrara.org
Tel.: +41 / (0)62 832 08 20
Fax: +41 / (0)62 832 08 25

Pflanzenliebhaber-Gesellschaften, Vereine und Verbände

Bundesverband Deutscher Gartenfreunde e.V.
Platanenallee 37
14050 Berlin
Tel.: 0 30 / 30 20 71-40
Fax: 0 30 / 30 20 71-39
www.kleingarten-bund.de

Landesverband Hessen für Obstbau, Garten- und Landschaftspflege e.V.
Finkenweg 19
35606 Solms
Tel.: 0 64 42 / 92 74 28

Zentralverband Gartenbau
Deutschland e.V. (ZVG)
Godesberger Allee 142–148
53175 Bonn
E-Mail: zvg-bonn@g-net.de
www.g-net.de

Gesellschaft der Wassergarten-
Freunde
Am Rübsamenwühl 22
67346 Speyer
Tel.: 0 62 32 / 6 30 40
www.wassergarten.de

Landesverband für Obstbau,
Garten und Landschaft Baden-
Württemberg e.V.
Klopstockstraße 6
70193 Stuttgart
Tel.: 07 11 / 63 29 01

Gesellschaft Deutscher
Rosenfreunde e.V.
Waldseestraße 14
76530 Baden-Baden
Tel.: 0 72 21 / 3 13 02
Fax: 0 72 21 / 3 83 37
E-Mail: info@rosenfreunde.de
www.rosenfreunde.de

Gesellschaft der Staudenfreunde
Geschäftsstelle
Neubergstraße 11
77955 Ettenheim
www.gds-staudenfreunde.de

Deutsche Gartenbau-Gesellschaft
1822 e.V.
Haus der Land- und Ernährungs-
wirtschaft in Berlin
Claire-Waldoff-Straße 7
10117 Berlin
Tel.: 0 30 / 28 09 34 25
E-Mail: info@dgg1822.de
www.dgg1822.de

Bayer. Landesverband für Gartenbau und Landespflege e.V.
Herzog-Heinrich-Straße 21
80336 München
Tel.: 0 89 / 54 43 05-0

Österreichische Rosenfreunde in
der Österreichischen Gartenbau-
Gesellschaft
Parkring 12
A-1010 Wien
Tel.: +43 / (0)1 / 51 28-416
Fax: +43 / (0)1 / 51 28-417

Gesellschaft Schweizerischer
Rosenfreunde
Schlossbergstraße 23
CH-8820 Wädenswil
E-Mail: info@rosenfreunde.ch
www.rosenfreunde.ch

Bäume und Sträucher

Baumschule Schob
Lößnitzer Straße 82
08141 Reinsdorf b. Zwickau
Tel.: 03 75 / 29 54 84
Fax: 03 75 / 29 34 57
E-Mail: info@schob.de
www.schob.de

H. Lorberg Baumschulerzeugnisse
GmbH & Co.KG
Zachower Straße 4
14669 Ketzin / OT Tremmem
Tel.: 03 32 33 / 84-0
Fax: 03 32 33 / 84-100
E-Mail: lorberg@lorberg.com
www.lorberg.com

Baumschule & Pflanzenhandel
Lorenz von Ehren GmbH
& Co. KG
Maldfeldstraße 4
21077 Hamburg
Tel.: 0 40 / 7 61 08-0
Fax: 0 40 / 7 61 08-100
E-Mail: LvE@LvE.de
www.LvE.de

Hermann Cordes Baumschulen
Lülanden 4
22880 Wedel / Holstein
Tel.: 0 41 03 / 9 39 80
Fax: 0 41 03 / 53 40
www.cordes-apfel.de

Baumschule H. Hachmann
Brunnenstraße 68
25355 Barmstedt
Tel.: 0 41 23 / 20-55, -56
Fax: 0 41 23 / 66 26
E-Mail: info@hachmann.de
www.hachmann.de
www.japan-ahorn.de

Pflanzmich.de
Versandzentrum und Gartenmarkt
Burstah 13
25474 Ellerbek
Tel.: 0 41 01 / 37 80-0
Fax: 0 41 01 / 37 80-20
E-Mail: service@pflanzmich.de
www.pflanzmich.de

Kordes Jungpflanzen Handels
GmbH
Mühlenweg 8
25485 Bilsen
Tel.: 0 41 06 / 40 11
Fax: 0 41 06 / 40 12
E-Mail: info@koju.de
www.koju.de

Eggert Baumschulen
Baumschulenweg 2-6
25594 Vaale
Tel.: 0 48 27 / 93 26 27
Fax: 0 48 27 / 93 26 28
E-Mail:
info@eggert-baumschulen.com
www.eggert-baumschulen.de

Baumschulen Böhlje
Oldenburger Straße 9
26655 Westerstede
Tel.: 0 44 88 / 99 86-0
E-Mail: info@boehlje.de
www.boehlje.de

Obstbaumschule
Dr. Ute Hoffmann
Brinkstraße 53
27249 Mellinghausen / Brake
Tel.: 0 42 72 / 96 22 44
Fax: 0 42 72 / 18 65

Baumschule Bruno Wenk
Dickenrück
36199 Rotenburg a. d. Fulda
Tel.: 0 66 23 / 22 14
Fax: 0 66 23 / 58 04
E-Mail:
Baumschule.Wenk@t-online.de

Artländer Pflanzenhof GbR
Fliegerhorst 2
49535 Badbergen
Tel.: 0 54 31 / 24 58
Fax: 0 54 31 / 90 43 53
E-Mail:
info@pflanzenhof-online.de

Baumschulprodukte Herr GmbH
Baumschulenweg 19–25
53340 Meckenheim
Tel.: 0 22 25 / 9 20 80
Fax: 0 22 25 / 94 19 70
E-Mail:
baumschuleherr@compuserve.de

Ahornblatt GmbH
Postfach 1125
55001 Mainz
Tel.: 0 61 31 / 7 23 54
Fax: 0 61 31 / 36 49 67
E-Mail:
Nachricht@Ahornblatt-Garten.de
www.ahornblatt-garten.de

Spezialgärtnerei für Freilandfarne
+ Garten- und Landschaftsbau
Firma Dirk Wiederstein
Hauptstraße 9
56237 Sessenbach

Häberli Obst- und Beerenzentrum
GmbH
August-Ruf-Straße 12a
78224 Singen
Tel.: 0171 / 9 97 34 11
E-Mail: info@haeberli-beeren.ch
www.haeberli-beeren.ch

Klaus Ganter Qualitätsbaum-
schule KG
Baumweg 2
79369 Whyl am Kaiserstuhl
Tel.: 0 76 42 / 10 61
Fax: 0 76 42 / 26 85
E-Mail: info@ganter-baden.de
www.ganter-baden.de

Baumschule Baumgartner
Hauptstraße 2
84378 Nöham bei Pfarrkirchen
Tel.: 0 87 26 / 2 05
Fax: 0 87 26 / 13 90
E-Mail: baumgartner@
baumgartner-baden.de
www.baumgartner-baumschulen.de

Brigittas Garten-Design GmbH
Hofstetten 3
91174 Spalt
Tel.: 0 91 75 / 7 99 77
www.brigittas.de

Baumschule Bischoff
Eysölden 45
91177 Thalmässing
Tel.: 0 91 73 / 7 91 90
www.bischoff-garten.de

Häberli Obst- und Beeren-
zentrum AG
CH-Neukirch-Egnach
Tel.: +41 (0)71 474 70 70
Fax: +41 (0)71 474 70 80
E-Mail: info@haeberli-beeren.ch
www.haeberli-beeren.ch

Rosen

BKN Strobel
über Rosarot Pflanzenversand
Gerd Hartung
Besenbek 4b
25335 Raa-Besenbek
Tel.: 0 41 21 / 42 38 84
E-Mail: hartung-rosen@t-online.de
www.rosenversand24.de

W. Kordes' Söhne Rosenschulen
GmbH & Co.KG
Rosenstraße 54
25365 Klein Offenseth-Spar-
rieshoop
Tel.: 0 41 21 / 4 87 00
Fax. 0 41 21 / 8 47 45
E-Mail: info@kordes-rosen.com
www.kordes-rosen.com

Rosen Welt Tantau
Tornescher Weg 13
25436 Uetersen
Tel.: 0 41 22 / 70-84
Fax: 0 41 22 / 70-87
E-Mail: tantau@rosen-tantau.de
www.rosen-tantau.com

Noack Rosen
Im Fenne 54
33334 Gütersloh
Tel.: 0 52 41 / 2 01 87
Fax: 0 52 41 / 1 40 85
E-Mail: webmaster@noack-rosen.de
www.noack-rosen.de

Rosenhof Schultheis
Bad Nauheimer Straße 3–7
61231 Bad Nauheim-Steinfurth
Tel.: 0 60 32 / 8 10 13
Fax: 0 60 32 / 8 58 90
E-Mail:
infos@rosenhof-schultheis.de
www.rosenhof-schultheis.de

Rosen Union e.V.
Steinfurther Hauptstraße 27
61231 Bad Nauheim-Steinfurth
Tel.: 0 60 32 / 96 53 01
Fax: 0 60 32 / 8 62 20
E-Mail: info@rosen-union.de
www.rosen-union.de

Rosengärtnerei Kalbus
Hagenhausener Hauptstraße 1b
90518 Altdorf

David Austin Roses Ltd
Bowling Green Lane
Albrighton
GB-Wolverhampton WV7 3 HB
Tel.: +44 / (0)19 02 / 37 63 71
Fax: +44 / (0)19 02 / 37 21 42
E-Mail:
deutsch@davidaustinroses.com
www.davidaustinroses.com

Stauden

Kräuter- und Staudengärtnerei
Mann
Schönbacherstraße 25
02708 Lawalde
Tel.: 0 35 85 / 40 37 38
E-Mail: info@plantasia.de
www.staudenmann.de

Alpine Staudengärtnerei Siegfried
Geißler
Gorschmitz Nr. 14
04703 Leisnig / Sachsen
Tel. + Fax: 03 43 21 / 1 46 23

Staudengärtnerei Alpine
Raritäten Jürgen Peters
Auf dem Flidd 20
25436 Uetersen
Tel.: 0 41 22 / 33 12
Fax: 0 41 22 / 4 86 39
E-Mail: info@alpine-peters.de
www.alpine-peters.de

Staudengärtnerei Ernst Pagels
Deichstraße 4
26789 Leer
Tel.: 04 91 / 32 18
Fax: 04 91 / 6 25 16
E-Mail: pagels-leer@t-online.de

Staudengärtner Klose
Rosenstraße 10
34253 Lohfelden / Kassel
Tel.: 05 61 / 51 55 55
Fax: 05 61 / 51 51 20
www.staudengaertner-klose.de

Arends Maubach
Stauden & Gartenkultur
Monschaustraße 76
42369 Wuppertal-Ronsdorf
Tel.: 02 02 / 46 46 10
Fax: 02 02 / 46 49 57
www.arends-maubach.de

Kayser & Seibert
Wilhelm-Leuschner-Straße 85
64380 Roßdorf
Tel.: 0 61 54 / 90 68
Fax: 0 61 54 / 8 20 69
E-Mail: info@kayserundseibert.de
www.kayserundseibert.de

Staudengärtnerei Gräfin von
Zeppelin
Weinstraße 2
79295 Sulzburg-Laufen
Tel.: 0 76 34 / 6 97 16
Fax: 0 76 34 / 65 99
E-Mail:
info@graefin-v-zeppelin.com
www.graefin-v-zeppelin.com

Staudengärtnerei
Dieter Gaissmayer
Jungviehweide 3
89257 Illertissen
Tel.: 0 73 03 / 72 58
Fax: 0 73 03 / 4 21 81
E-Mail: info@staudengaissmayer.de
www.staudengaissmayer.de

Die Gärtnerei am Karpfenteich
Inh. Dipl.-Ing. Daniela Riegler
Rumleshof 2
92342 Freystadt
Tel.: 0 91 79 / 12 28
www.gaertnerei-am-karpfenteich.de

Zwiebelblumen

Albert Treppens
Berliner Straße 84–88
14169 Berlin-Zehlendorf
Tel.: 0 30 / 8 11-33 36
Fax: 0 30 / 8 11-43 04
E-Mail: info@treppens.de
www.treppens.de

Küpper Blumenzwiebeln und
Saaten
Hessenring 22
37269 Eschwege

Küchengarten Reinhold Krämer
Waldstetter Gasse 4
73525 Schwäbisch Gmünd
Tel.: 0 71 71 / 92 87 12
Fax: 0 71 71 / 92 87 14
E-Mail: kuechengarten.kraemer@
t-online.de

Blumenzwiebelversand Bernd
Schober
Stätzlinger Straße 94a
86165 Augsburg
Tel.: 08 21 / 72 98 95 00

Kurt Kernstein
Am Kirchenfeld 8
86316 Friedberg

Grüner Tiger Versandhandel
(ökologischer Anbau)
Pfarräckerstraße 13
90522 Oberasbach

Martin Goetz
Kleestraße 21-23
90461 Nürnberg
Tel.: 09 11 / 8 01 84 80
www.windowshotline.de

Kräuter und Duftpflanzen

Kräuter- und Staudengärtnerei
Mann
Schönbacherstraße 25
02708 Lawalde
Tel.: 0 35 85 / 40 37 38
E-Mail: info@plantasia.de
www.staudenmann.de

Die Kräuterei
Alexanderstraße 29
26121 Oldenburg
Tel.: 04 41 / 88 23 68
www.kraeuterei.de

Rühlemanns Kräuter und
Duftpflanzen
Auf dem Berg 2
27367 Horstedt
Tel.: 0 42 88 / 92 85-58
Fax: 0 42 88 / 92 85-59
E-Mail: info@ruehlemanns.de
www.ruehlemanns.de

Kräuterey Lützel
Im Stillen Winkel 5
57271 Hilchenbach
Tel.: 0 27 33 / 38 46
Fax: 0 27 33 / 1 26 79
www.kraeuterey.de

Otzberg Kräuter
Erich Ollenhauer-Straße 87a
65187 Wiesbaden
Tel.: 06 11 / 8 12 05 45
Fax: 06 11 / 8 46 05 58

Tausendschön
Hauptstraße 9
74541 Vellberg-Großaltdorf
Tel.: 0 79 07 / 89 79

Syringa Duft- und Würzkräuter
Bachstraße 7
78247 Hilzingen-Binningen
Tel.: 0 77 39 / 14 52
Fax: 0 77 39 / 6 77
E-Mail: info@syringa-samen.de
www.syringa-samen.de

Blumenschule Rainer Engler
Augsburger Straße 62
86956 Schongau
Tel.: 0 88 61 / 73 73
Fax: 0 88 61 / 12 72
E-Mail: info@blumenschule.de
www.blumenschule.de

Kräuter im Brunnenhof
Kornstraße 61
88370 Ebenweiler
Tel.: 0 75 84 / 32 33
www.brunnenhof-kraeuter-und-
mehr.de

Raritätengärtnerei Treml
Eckerstraße 32
93471 Arnbruck
Tel.: 0 99 45 / 90 51 00
Fax: 0 99 45 / 90 51 01
E-Mail: terml@pflanzentreml.de
www.pflanzentreml.de

Saatgut

Quedlinburger Saatgut GmbH
Neuer Weg 21
06484 Quedlinburg
Tel.: 0 39 46 / 90 40
Fax: 0 39 46 / 29 66
E-Mail:
info@quedlinburger-saatgut.de
www.quedlinburger-saatgut.de

Carl Sperling (GmbH & Co.KG)
Hamburger Straße 35
21339 Lüneburg
Tel.: 0 41 31 / 30 17-0
Fax: 0 41 31 / 30 17-45
E-Mail: info@sperli.de
www.sperli.de

Sperli-Samen über
Samentraum Gassmann
Inh. F. Stellfeldt
Berckstraße 30
28359 Bremen
Tel.: 04 21 / 22 37 94 30
Fax: 04 21 / 22 37 94 33
E-Mail: info@samentraum.de
www.samentraum.de

Thysanotus-Samenversand
Schulweg 21
28876 Oyten
Tel.: 0 42 07 / 57 08
Fax: 0 42 07 / 57 22
E-Mail: UweSiebers@t-online.de
www.thysanotus-samenversand.de

Jelitto Staudensamen GmbH
Am Toggraben 3
29690 Schwarmstedt
Tel.: 0 50 71 / 98 29-0
Fax: 0 50 71 / 98 29-27

Thompson & Morgan
Postfach 10 69
36243 Niederaula
Tel.: 0 40 / 61 19 39 93
E-Mail: tmde@thompson-
morgan.com
www.thompson-morgan.com

Dreschflegel
Postfach 1213
37202 Witzenhausen
www.dreschflegel-saatgut.de

Gärtner Pötschke GmbH
Beuthener Straße 4
41561 Kaarst
Tel.: 0 18 05 / 8 61-100
Fax: 0 18 05 / 8 61-300
E-Mail: info@poetschke.com
www.gaertner-poetschke.de

Syngenta Seeds GmbH
Gemüse & Blumen
Alte Reeser Straße 95
47533 Kleve
Tel.: 0 28 21 / 9 94-0
Fax: 0 28 21 / 9 17 78

Bio-Saatgut Ulla Grall
Eulengasse 3
55288 Armsheim
Tel.: 0 67 34 / 96 03 79
Fax: 0 67 34 / 96 00 14
E-Mail: Ulla.grall@bio-saatgut.de
www.bio-saatgut.de

Nebelung / Kiepenkerl
über Tom Garten
ESH Rhenania GmbH
Im Weidboden 12
57629 Norken
Tel.: 0 18 05 / 48 47 46
Fax: 0 18 05 / 66 00 82
E-Mail: info@tom-garten.de
www.tomgartenshop.de

Kiepenkerl / Nebelung GmbH
& Co.
Bruno Nebelung
Pflanzenzüchtung
Freckenhorster Straße 32
48351 Everswinkel
Tel.: 0 25 82 / 67 00
www.kiepenkerl.de
E-Mail: kiepenkerl@nebelung.de

Baldur-Garten GmbH
Elbinger Straße 12
64625 Bensheim
Tel.: 0 18 05 / 10 35-11
oder 0 62 51 / 10 35-10
Fax: 0 18 05 / 10 35-99
www.baldur-garten.de

Hild Samen GmbH
Kirchenweinbergstraße 115
71672 Marbach a. N.
Postfach 1161
71666 Marbach
Tel.: 0 71 44 / 84 73 11
Fax.: 0 71 44 / 84 73 99
E-Mail: hild@nunhems.com
www.hildsamen.de

W. Nixdorf
Aschhauserstraße 77
97922 Lauda
Tel.: 0 93 43 / 34 65
Fax: 0 93 43 / 6 57 47
www.garten-wn.de
E-Mail: nixdorf@garten-wn.de

N.L.Chrestensen
Erfurter Samen- und Pflanzen-
zucht GmbH
Witterdaer Weg 6
99092 Erfurt
Tel.: 03 61 / 2 24 50
Fax: 03 61 / 2 24 51 12
E-Mail: info@chrestensen.com
www.gartenversandhaus.de
www.chrestensen.de

biosem
Jutzet-Jossi S. & A.
Le Burli 39
CH-2019 Chambrelien
Tel.: 032 8 55 14 86
Fax: 032 8 55 10 58
E-Mail: biosem@biosem.ch
www.biosem.ch

Register

KOSMOS.
Wissen aus erster Hand.

Klaphake / Jensen / Lüdemann
Reichtum ernten
144 S., 150 Abb., €/D 19,95
ISBN 978-3-440-11282-3

Gemüsevielfalt pur

Früher hatte jede Region ihre eigenen Sorten. Heute gibt es in den Supermärkten fast nur noch Einheitsgemüse. Viele lokale Sorten sind spurlos von unseren Feldern und Beeten verschwunden. Wer kennt noch Ostfriesische Palme, Berner Rose oder Kasseler Strünkchen? Aber es gibt sie noch – und hinter jeder dieser seltenen Gemüsesorten stecken sehr persönliche Geschichten und Menschen, die aus Leidenschaft fast vergessene Sorten vermehren. Erfahren Sie mehr über die leisen Retter der biologischen Vielfalt, über die Hintergründe von Saatbau, Züchtung und wie Sie Gemüsevielfalt selbst anbauen und erhalten können.

KOSMOS.
Mehr wissen. Mehr erleben.

Jürgen Wolff (Hrsg.) | Grüne Oasen
160 S., ca. 300 Abb., €/D 29,90
ISBN 978-3-440-12154-2

David Austin | Die Rose
352 S., 450 Illustrationen, €/D 49,90
ISBN 978-3-440-11283-0

Die schönsten Privatgärten

Neugierig auf private Gartenoasen und
Blütenparadiese? „Grüne Oasen" zeigt
Privatgärten von ihrer schönsten Seite.
Klassische Bauerngärten, mediterranes Flair
oder spektakulärer Wassergarten. Einzig-
artige Fotos zeigen die ganze Stilbreite
gärtnerischen Gestaltens und laden ein zu
einem Gartenbesuch der besonderen Art.

Romantik pur!

Historische Rosen, Bourbon-Rosen, Centi-
folien, Polyanthas und Floribundas –
Namen, die das Herz eines jeden Rosen-
freundes höher schlagen lassen. Und
natürlich die berühmten Englischen Rosen
von David Austin. Sie werden mit ihrer
Geschichte, in ausführlichen Porträts und
wunderbaren Bildern vorgestellt. Ein Augen-
und Leseschmaus für Rosenliebhaber.

www.kosmos.de/garten

Alle Angaben in diesem Buch sind sorgfältig geprüft und geben den neuesten Wissenstand bei der Veröffentlichung wieder. Da sich aber das Wissen laufend und in rascher Folge weiterentwickelt und vergrößert, muss jeder Anweder prüfen, ob die Angaben nicht durch neuere Erkenntnisse überholt sind. Dazu muss er zum Beispiel Beipackzettel zu Dünge-, Pflanzenschutz- bzw. Pflanzenpflegemitteln lesen und genau befolgen sowie Gebrauchsanweisungen und Gesetze beachten. Jede Dosierung und Anwendung erfolgt auf eigene Gefahr. Autor und Verlag müssen alle Schadensersatzansprüche von vornherein ablehnen.

Gebrauchsnamen, Handelsnamen, Warenbezeichnungen sind in diesem Buch ohne nähere Kennzeichnung in Bezug auf Marken, Gebrauchsmuster und Patentschutz weitergegeben. Daraus kann nicht abgeleitet werden, dass diese Namen und Verfahren als frei im Sinne der Gesetzgebung gelten und von jedermann benutzt werden dürfen.

Die Rechtschreibung der deutschen Pflanzennamen ist nicht eindeutig geregelt. Auch jede andere Art der Schreibung ist möglich, die Sie sowohl in Fach- als auch in populärwissenschaftlichen Büchern finden werden.

Die Ratschläge und Rezepte dieses Buches wirken bei den meisten Menschen ähnlich. Es könnte aber durchaus vorkommen, dass manchmal eine unvorhergesehene Wirkung auftritt. Daher müssen Sie sich immer gut beobachten. Bitte beachten Sie auch, dass für Kinder, Schwangere und stillende Mütter besondere Vorsichtsmaßnahmen bestehen. Nicht alle Kräuter und essbaren Früchte dürfen verzehrt werden. Fragen Sie daher Ihren Kinder- oder Frauenarzt, was Sie dürfen und was nicht. Das Gesagte gilt einmal mehr für Kranke, zum Beispiel mit chronischer Nierenentzündung oder Diabetes. Sie müssen in diesem Fall Ihren Arzt fragen, was Sie einnehmen dürfen und was nicht.

Das Allerwichtigste ist, dass Sie die Pflanzen und insbesondere die Kräuter einwandfrei erkennen. Oftmals gibt es verwandte Arten, die sich sehr ähnlich sehen. Die eine ist jedoch gut, die andere giftig. Wenn Sie irgendwelche Zweifel haben, dann verwenden Sie die Pflanze nicht. In der Apotheke bekommen Sie beispielsweise die beschriebenen Kräuter in getrockneter Form.

Bildnachweis

Mit 58 Farbfotos von Tobias Görner, Hochheim. S. 1, 5 mi, 5 re, 6, 9, 12 re, 12 li u, 13 re, 14 alle drei, 15, 16 re, 18 mi, 19 re, 22, 25 re, 26 beide, 27 alle drei, 32, 35 li, 36 li, 43, 52, 56, 64, 71 li, 71 mi, 79 u, 84, 85, 87 li, 87 re o, 91, 99 li u, 99 re o, 100 beide, 103 u, 109, 111 re u, 112 li, 115 re, 119, 121 li o, 121 u, 125 beide; KOSMOS / Birgit Grimm, Stuttgart. S. 40 li, 46 beide, 55 li u, 61 re; KOSMOS / Kathi Voges, Stuttgart. S. 4 re, 45 li, 53, 67;

Alle anderen Bilder von Barbara Krasemann und Wolfgang Friedel, Thalmässing/Dixenhausen.

Alle 15 Illustrationen von KOSMOS / Kathi Voges, Stuttgart.

Impressum

Umschlaggestaltung von solutioncube GmbH, Reutlingen. Umschlagvorderseite unter Verwendung von zwei Bildern von Wolfgang Friedel, Thalmässing/Dixenhausen (oben) und KOSMOS / Kathi Voges (unten). Umschlagrückseite unter Verwendung der Fotos von Barbara Krasemann und Wolfgang Friedel, Thalmässing/Dixenhausen

Unser gesamtes lieferbares Programm und viele weitere Informationen zu unseren Büchern, Spielen, Experimentierkästen, DVDs, Autoren und Aktivitäten finden Sie unter www.kosmos.de

Gedruckt auf chlorfrei gebleichtem Papier

© 2009, Franckh-Kosmos Verlags-GmbH & Co. KG, Stuttgart. Alle Rechte vorbehalten ISBN 978-3-440-11882-5 Redaktion: Birgit Grimm Produktion: Atelier Reichert, Stuttgart Grundlayout: solutioncube GmbH, Reutlingen. Printed in Slovakia / Imprimé en Slovaquie

Herbstgarten

Kräutergarten

Magerwiese

Freiluftküche

Formengarten

Gemüsegarten

Obstgarten